12 LEYES DEL MARKETING PARA INMOBILIARIOS

Contenido

Presentación

Capítulo 1. "Las 12 Leyes del Marketing Inmobiliario"

Porque 12 leyes del Marketing Inmobiliario

Capítulo 2. "Plan de Tu Negocio Inmobiliario"

Plan de Tu Negocio Inmobiliario

¿Por qué debo iniciar o actualizar mi negocio inmobiliario?

Paradigma de marketing y de la planeación de negocios

¿Qué es el marketing inmobiliario?

¿Cómo se construye un plan de marketing inmobiliario?

Capítulo 3. "Conocer para dominar el Mercado Inmobiliario"

¿Debo conocer el Mercado?

Nicho de mercado

Propuesta Única de Ventas

Beneficios de contar con una Propuesta Única de Venta

Capítulo 4. "La competencia y coopetencia del profesional inmobiliario"

Relaciones sanas de competencia

Capacitarse más que la competencia

La coo-petencia

Capítulo 5. "Innovación y uso de la tecnología de la información".

Innovación en los negocios inmobiliarios

Uso de la tecnología

Recomendaciones para todo negocio inmobiliario

Capítulo 6. "Formación, actualización y capacitación del profesional inmobiliario"

Formación del Profesional Inmobiliario

Actualización inmobiliaria

Capacitación del profesional inmobiliario

Capítulo 7. "Imagen del negocio y el profesional inmobiliario"

La imagen aplicada a los negocios inmobiliarios

Congruencia de la identidad gráfica

Imagen del líder

Construir tu imagen de líder

Capítulo 8. "Confianza y garantía de lo que ofreces"

Mi cliente ideal

Generación de confianza y garantía

Mejora continua

Capítulo 9. "Generar visitantes calificados y crear un embudo de marketing"

Embudo de Marketing

Tráfico en Internet

Fuentes de tráfico

Redes sociales

Facebook

Twitter

YouTube

Hacer Ping y RSS del vídeo

Capítulo 10. "Atención y seguimiento a clientes"

Atención al cliente

Seguimiento de clientes

Satisfacción del cliente

Capítulo 11. "Promoción y negociación inmobiliaria"

Promoción inmobiliaria

Negociación inmobiliaria

Capítulo 12. "Captación de inmuebles vendibles y rentables"

Captación Inmobiliaria

Capítulo 13. "Un consejo para el profesional inmobiliario"

El mejor consejo inmobiliario

Presentación

Hay estrategias y tácticas que llevan a un profesional a ser exitoso dentro de cualquier campo en el que busca destacar, principalmente cuando éstos tienen como objetivo especializar a las personas o equipos en un campo en el que la mayoría de los competidores no lo hacen. Las 12 leyes del Marketing para Inmobiliarios son principios que en la medida en que se ponen en práctica lograrán convertirte en una persona prospera y abundante.

Los aspectos que se comprenden en este libro son novedosos en la medida en que buscan orientar tu actividad para que hagas tu plan de negocio incluyendo un plan de marketing inmobiliario, logres dominar el Mercado Inmobiliario y construyas una idea que puesta en un enunciado poderoso se convierta en tu Propuesta Única de Ventas.

Además complementamos nuestra idea de negocio en promover relaciones de competencia y coo-petencia de los profesionales inmobiliarios y en la innovación y uso de la tecnología de la información para que seas muy exitoso, porque te mostramos como generar más tráfico en Internet, para obtener más clientes y exclusivas.

Hemos considerado siempre que la imagen del profesional inmobiliario es un aspecto clave, pero también comprendimos que ésta debe complementarse con conocimiento, capacitación y liderazgo, para lograr que los prospectos o clientes confíen su patrimonio en ti, en aquello que representas y quieres transmitir en imágenes y palabras. Así que te invitamos a leer este libro, comprender los aspectos que consideres más importantes, pero sobretodo, te pedimos que lleves a cabo una acción inmediata, es decir, que pongas en práctica lo que leas y no esperes a que haya un mejor momento o el momento ideal para llevar a cabo tus mejores ideales.

Capítulo 1. "Las 12 Leyes del Marketing Inmobiliario"

Porque 12 leyes del Marketing Inmobiliario

Cuando decidimos escribir este libro, pensamos acerca de las dificultades que tuvimos para comenzar nuestro negocio inmobiliario y las experiencias que hemos tenido, desde luego, nunca dejamos de aprender, pero una vida en la que no se comparte lo que se va aprendiendo, carece de todo sentido.

Tenemos la dicha de vivir en una Ciudad que nos acogió como sus hijos hace ya varios años, arrancamos desde cero, sin conocer la ciudad, a muchas personas, el mercado, la competencia, los requisitos necesarios para ser un agente inmobiliario, y un sinfín de temas y cuestiones de las que poco a poco hemos tomado nota.

Evaluamos diversas maneras de empezar con el negocio inmobiliario y hemos venido aprendiendo a ser cada día mejores en todos los aspectos, en parte porque nuestra pasión por los bienes raíces nos sigue motivando a hacer nuevas cosas y porque creemos que era un buen momento para repasar las lecciones aprendidas y reinventarnos.

Lo que leerás fue escrito con toda nuestra pasión, y como dice T. Harv Eker en su libro *Los Secretos de la Mente Millonaria*, podrías no creer lo que escribimos aquí, sin embargo, se trata de 12 leyes muy poderosas del Marketing Inmobiliario, las cuales te ayudarán a lograr prosperidad en todos los aspectos de tu vida, porque *"quien sabe vender nunca será pobre"*.

Analizamos que hay diversas maneras de lograr tus objetivos, porque siempre tienes motivaciones, aprendizajes y hábitos muy personales, pero también hay 12 maneras probadas y efectivas para que logres mejores resultados. Así, las *"12 Leyes del Marketing Inmobiliario"*, te ayudarán a tener un próspero negocio inmobiliario, sin importar que tengas muchos años en de experiencia en bienes raíces o apenas vayas a comenzar.

Esperamos que las *"12 Leyes del Marketing Inmobiliario"* te ayuden, como a nosotros, a iniciar o actualizar tu negocio inmobiliario y llevarlo hacia esa gran idea que tienes acerca de ser un profesional inmobiliario.

Capítulo 2. "Plan de Tu Negocio Inmobiliario"

Primera ley: *"Todo Profesional Inmobiliario deberá saber qué es y será su obligación contar con un Plan de su Negocio Inmobiliario".*

Plan de Tu Negocio Inmobiliario

Antes de comenzar con el Marketing para Inmobiliarios, nos gustaría confiarte que debes tener una idea clara de tu negocio, a largo plazo, porque si no la tienes, el día a día te llevará a algún lugar, pero no hacia dónde quieres llegar, así que será necesario que comiences a hacer un plan de negocios en el cual todas tus energías y actividades se enfoquen en cumplirlo.

Debe ser un plan de gran visión y a largo plazo, si trabajas con alguien más invítalo a creer en este plan, y no olvides el apoyo de tu familia, pues este elemento será una excelente herramienta en la que todos participen y sin duda, todos los que participen estarán felices de contribuir a un objetivo común.

Si actualmente te causa pereza, decidía o consideras que no requieres tener un plan de vuelo, te queremos recordar el viejo cuento de Alicia en el País de las Maravillas, en el que palabras más, palabras menos, cuando Alicia le pregunta al gato a dónde debía de ir, el gato le pregunta ¿a dónde quiere ir? A lo que Alicia le responde que ella tenía urgencia de ir a cualquier lugar, que no importaba a dónde, lo importante era ir a algún lado, por lo que el gato le respondió que entonces fuera a cualquier lugar y que se asegurara de caminar lo suficiente, si hacía esto, lograría llegar a algún lado.

Cuántas veces te preguntas hacia dónde va mi negocio, cómo lo puedo mejorar, como puedo ser más competitivo, porque no estoy consiguiendo exclusivas vendibles, porque no logro cerrar las ventas y varias preguntas que podrían esconder la raíz del problema que es precisamente hacia dónde quiero dirigir mi vida y mi negocio.

Este plan sería tan importante como el plan de desarrollo de la ciudad, en el que se busca ordenar el uso de suelo, aprovechar las playas, bosques y selvas, ordenar la industria, el comercio, la producción agrícola, ganadera y las viviendas, así como cuidar el ambiente.

El plan de tu negocio, es como el plan de vuelo, en el que sabes a dónde quieres ir, pero también considerar, cómo debe comenzar o reinventar la empresa, un análisis del mercado, la competencia, las áreas de oportunidad, los desarrollos y proyectos futuros en la ciudad, las estrategias de publicidad, plan de medios, propuesta única de ventas, la atención comercial, el análisis de proveedores, las autorizaciones necesarias, realizar registros, emitir documentos, atención y seguimiento a clientes, estrategias de captación inmobiliaria, ética y valores de los profesionales inmobiliarios, capacitación, derechos de autor o propiedad intelectual y todo aquello que es importante para comenzar o implementar mejoras a cualquier negocio inmobiliario.

Este plan de negocios contribuye a construir esa relación de beneficio mutuo que permitirá fortalecer y ayudará a preparar de manera adecuada a todo negocio inmobiliario para un futuro lleno de prosperidad y abundancia.

Pero, ¿qué debe contener el plan de negocios? Previamente a su elaboración debes hacer al menos tres preguntas básicas:

¿Por qué debo iniciar o actualizar mi negocio inmobiliario?

Parece obvio, pero es necesario tener pasión por lo que haces y enfocarte para llegar a ese destino que tienes fijado en el plan de vuelo, porque si careces de ese deseo por realizar las cosas, inclusive, aunque tengas un beneficio inmediato (ganar dinero o tener reconocimiento), es posible que no llegues a ese destino indicado en la ruta de vuelo, porque no habrá la motivación para vencer dificultades, proponerte nuevos retos y enfocarte en aquello que te mueve a conseguir cada día más éxitos, lograr nuevas metas y aprovechar las oportunidades para conseguir el éxito en aquello que te apasiona".

Esta pregunta también puede hacerse, como la propone Gary Keller, en su libro "Lo Único", en el que llama a tomar acción, a partir de una gran idea, un objetivo principal, que es la más importante y que hará que todos tus demás objetivos se consigan, como las piezas de domino que se acomodan y van cayendo después de mover la primera pieza.

Desde luego que tú, tus coequiperos y familia tienen distintas motivaciones que pueden converger o no, como los estudios, la necesidad de mejorar su situación financiera, retos personales, empezar nuevos negocios, deseo de demostrar que eres capaz de resolver alguna situación, lo importante es que esas motivaciones no vayan en perjuicio de esa pasión que tienes para realizar determinadas cosas, como iniciar o actualizar tu negocio inmobiliario.

Para dejarlo más claro, esa motivación especial que te llevará a ser mejor en tu negocio inmobiliario o cualquier actividad que te propongas, es aquello que desearías hacer aun cuando no te pagaran por hacerlo e inclusive, hasta tuvieras que pagar por hacerlo, porque tienes ese gusto y alto deseo personal por lograrlo.

Bryan Tracy en su libro 21 hábitos para hacerse millonario, en uno de los hábitos invita a pensar en grande, así que cuando estés definiendo tus motivaciones, procura que sean más grandes de lo que te has imaginado, como lograr que: Más de *(piensa un número grande)* familias de mi ciudad o país, son felices porque mi estrategia de servicio superó sus expectativas, hizo relevante su experiencia como consumidores y tuvieron certeza sobre su patrimonio inmobiliario.

Al realizar este análisis tu como profesional inmobiliario, cumples con un proceso de reflexión personal, en el que además podrías ser capaz de analizar, escribir y desarrollar tus fortalezas, debilidades, oportunidades y amenazas.

Si tu dejas de hacer este ejercicio, tarde o temprano tendrás una rebelión de consumidores, quienes te exigirán que tengas una verdadera vocación o pasión, que favorezca no solamente a los clientes o a sus intereses, sino en general a todas las actividades y partes que están relacionadas con los negocios inmobiliarios.

Estarás de acuerdo en que, quien no tiene pasión por los negocios inmobiliarios y no reconoce sus debilidades, fortalezas, oportunidades y amenazas, no es capaz de comprender los efectos negativos y desastrosos que lleva dejar de realizar las actividades adecuadamente, poniendo en riesgo el patrimonio de los clientes.

La segunda pregunta que todo profesional inmobiliario debe responder previamente a la elaboración del Plan, es:

¿Qué necesidades del mercado inmobiliario no están satisfechas o están parcialmente satisfechas?

Estarás de acuerdo en que, conocer el mercado, significa precisamente saber quiénes son los diversos públicos del mercado, no solamente los potenciales clientes, sino también la competencia, los medios de publicidad, los proveedores, la situación demográfica, la planeación del desarrollo de la ciudad, los proyectos de inversión, los especialistas, la economía del sector inmobiliario, los financiamientos, los inversionistas, entre otros.

Al profundizar en el análisis de las necesidades del mercado inmobiliario, podrás conocer de qué manera están siendo satisfechas, por quiénes están siendo atendidas, cómo identificas esas necesidades y qué comisiones, honorarios, tarifas o dividendos tienen. De esta manera, es posible que cualquier negocio inmobiliario que comienza e inclusive los que ya existen, puedan orientar sus objetivos, acciones, metas y estrategias hacia la satisfacción de las verdaderas necesidades del mercado.

Esto nos hizo pensar en todas las ocasiones en queremos hacer en nuestro negocio inmobiliario lo que a nosotros nos gusta, pero sin detenernos a conocer las verdaderas necesidades del mercado y recordar el maravilloso libro de Dane Carnegie "*Cómo ganar amigos e influir sobre las personas*", (1936), cuando sostiene:

> "*Yo iba a pescar al estado de Maine todos los veranos. Personalmente, me gustan sobremanera las fresas con crema; pero por alguna razón misteriosa los peces prefieren las lombrices. Por eso, como cuando voy de pesca no pienso en lo que me gusta a mí, sino en lo que prefieren los peces, no cebo el anzuelo con fresas y crema. En cambio, balanceo una lombriz o saltamontes frente al pez y le digo: ¿Te gustaría comer esto?*"

Entonces, detente por un momento y piensa, sobre cuáles son las verdaderas necesidades del mercado, lo que están buscando los clientes, cuál es la situación en tu ciudad respecto al mercado inmobiliario, se están mudando allí porque es un momento ideal o hay una contracción económica que impide la llegada de personas, empresas e inversiones y con ello potenciales clientes para el arrendamiento o adquisición de inmuebles, posiblemente se trate de un momento en el cual en tu ciudad haya auge de la vivienda económica o residencial.

El mercado marca una tendencia conforme existen necesidades reales de ser atendidas, no se trata de una simple elección de lo que te gusta o no, sino dentro de lo que te apasiona hacer ¿qué necesidad pretendes satisfacer en el mercado?, o bien ¿qué necesidad no es satisfecha en el nivel esperado?

Ahora bien, es importante que tomes en cuenta que no siempre se compra por necesidad, sino por deseo, por lo que es bueno considerar integrar al plan una buena campaña de publicidad gráfica y seleccionar los medios correctos, que sepan potenciar las verdaderas emociones que te llevan a la compra o contratación de un bien o servicio.

Puedes utilizar varias estrategias al mismo tiempo o en momentos distintos, también considerando el tipo de personas a las que están orientadas tus estrategias, pero siempre partiendo de la base del conocimiento de lo que están haciendo en el mercado inmobiliario, es decir, de las necesidades insatisfechas y no al revés.

La tercera pregunta previa al plan es: *¿Qué deseo conseguir para mí y mis clientes?*

Al responder esta pregunta procura ponerle toda la pasión posible y considera que siempre es importante saber hacia dónde hay que fijar la mira, para apuntar con precisión y disparar con todo tu arsenal disponible y seguir apuntando con todo el arsenal que puedas ir adquiriendo en el transcurso del tiempo.

En este punto, la planeación estratégica es una buena herramienta que ayuda en este proceso puesto que nos permite construir nuestra visión de lo que queremos que sea nuestro negocio, también nos permitirá construir de manera clara la misión del negocio y siempre es útil definir los valores del negocio inmobiliario.

Como dice Eduardo Barón en su libro de **"Las 12 claves para construir un negocio exitoso"** (2013), *"no hay un negocio próspero que no tenga clara su misión y visión..."*, y si hemos visto miles de negocios sin éxito, ni prosperidad que no tienen o comparten su misión y visión y que han cerrado en menos de 5 años.

Para construir la visión de un negocio inmobiliario siempre es bueno preguntarse: *"...si mi negocio fuera exitoso y próspero, ¿cómo sería o cómo me gustaría que fuera?"*, por favor, no te olvides de anotar las respuestas a estas sencillas preguntas para que mientras lees este libro puedas construir o revisar la visión de tu propio negocio.

Y ya que vas a poner manos a la obra, sería oportuno que te preguntaras *¿qué deseo conseguir para mis clientes o qué quiero que logren mis clientes?*, esta respuesta te ayudará a construir tu misión.

Finalmente, para lograr una congruencia entre la visión y la misión debes hacer una pregunta complementaria, *¿cómo consigo cumplir con mis propósitos, metas, objetivos o anhelos a través de esto?*

Desde luego, la visión y misión de todo negocio son exigidas en dónde no hay lugar para las improvisaciones, esto incrementa con mucho las ventajas a favor del consumidor, quien espera tener satisfecha su premisa máxima de calidad, servicio y profesionalismo, que le permiten alcanzar beneficios superiores a los previamente concebidos.

Daniel Marcos de capitalemprededor.com, recomienda 2 sencillas estrategias para el momento de hacer tu planeación: *"1. Crea un objetivo a largo plazo, al menos 10 o 15 años que pueda determinar el ritmo de tu compañía a dónde quieres llegar, una 'Big Idea' esta idea más grande tiene un ejemplo claro en Bill Gates, cuando sostuvo: 'voy a poner una computadora corriendo Windows en cada casa y oficina'. Y 2. Diseña un mecanismo catalizador, que sea una promesa acerca de lo que siempre vas a hacer por tu cliente y le vas a cumplir, por ejemplo, McDonald's no te promete comida rica, te promete comida divertida, rápida y... de manera consistente."*

Paradigma de marketing y de la planeación de negocios

En la etapa de planeación de negocios, normalmente se considera lo que se hizo en el pasado y como es un paradigma difícilmente se puede romper esta idea, pero para cambiar la planeación es necesario partir de lo que se quiere lograr y únicamente tener la referencia de lo que se hizo el año o en años anteriores, pero esto no define el futuro, ni la planeación, sólo así conseguirás que tu nueva planeación no dependa de hechos anteriores.

De acuerdo con nuestra experiencia, las planeaciones de ventas, de crecimiento o de marketing se basan normalmente en los resultados pasados y a partir de ahí sacamos nuestras proyecciones, pero lo ideal es que la planeación se base en el futuro, es decir, hacia dónde queremos ir, en el sueño, en lo que se quiere lograr, en el estado deseado.

¿Qué es el marketing inmobiliario?

Para nosotros, no es el marketing lo que conocemos comúnmente como publicidad, redacción comercial, presentaciones de ventas y atención a clientes, se trata de un concepto más desarrollado en donde lo primordial es establecer una relación de beneficio mutuo entre los profesionales y sus diversos públicos objetivos.

Esta relación se logra, a través de un proceso que comienza con:

1. Identificar las necesidades, deseos y aspiraciones del cliente, que puede resumirse en *"conocer perfectamente a los clientes"*.
2. Formular y definir objetivos orientados a la **satisfacción inmediata y suficiente** de las necesidades, deseos y aspiraciones de los clientes.

3. Construir una estrategia poderosa en la que se pueda *crear un valor superior al bien o servicios recibidos,* para impactar positivamente la experiencia de consumo de los clientes.
4. Desarrollar *relaciones virtuosas con el cliente,* que se consiguen cuando se prepara el método efectivo para llevar al cliente de un punto inicial hacia el objetivo final. Esto puede entenderse cuando la estrategia logra que los curiosos se conviertan en interesados, los interesados pasen a ser prospectos, los prospectos se conviertan en clientes, los clientes se vuelvan compradores asiduos y los compradores asiduos se vuelvan evangelizadores, que además de estar satisfechos con los servicios y experiencia recibida, hablan bien de los servicios que ofreces y te recomiendan ampliamente.
5. *Educar a los clientes,* que es brindar suficiente información de calidad a los consumidores, sobre la experiencia que ofreces, siempre que esta información se brinde en la vía y forma adecuada.
6. Finalmente, tu estrategia será poderosa cuando logres concluir este proceso obteniendo *relaciones de apoyo y beneficio mutuo entre todas las partes* y entidades que intervienen en el proceso.

En términos coloquiales, es una relación de *"ganar, ganar, ganar, ganar…"* porque son diversas las partes que intervienen en los negocios inmobiliarios, como pueden ser los compradores, los vendedores, los profesionales inmobiliarios, los valuadores, los notarios, etc., quienes se identifican a su vez como diferentes públicos objetivos y todos esos públicos deben percibir de parte del profesional inmobiliario que su experiencia fue satisfactoria, útil y benéfica, por eso es una relación de ganar, ganar, ganar y no solamente ganar-ganar.

Jay Conrad Levinson en su libro *"Marketing de Guerrilla"* (2009) define al marketing como:

> *"La definición está clara: el marketing incluye el nombre de su negocio, la determinación de vender un producto o servicio, el método de manufactura o servicio, los colores, tallas y formas de su producto, el empaque, la ubicación de su empresa, la publicidad, las relaciones públicas, el entrenamiento de ventas, la presentación de ventas, las consultas telefónicas, la resolución de problemas, el plan de crecimiento, el plan de referencia y el seguimiento. Si usted, a partir de todo lo anterior, deduce que el marketing es un proceso complejo, tiene razón".*

Con esta idea, las herramientas de marketing no son iguales en los negocios locales que para las empresas transnacionales, por lo que bajo esta premisa, es indudable que el plan de marketing debe contener acciones concisas y bien elaboradas, en lugar de grandes inversiones en estrategias u objetivos que no llevarán a ningún lado y que terminarán siendo por decir lo menos, un despilfarro de tiempo, dinero y esfuerzo.

Seguramente has visto que las refresqueras, las cigarreras, las cadenas de comida rápida y hasta los supermercados no tienen un mensaje de acción inmediata o respuesta directa como "toma refresco", "compra una hamburguesa", "compra tu mandado", "llama a un asesor", "haz una cita y descubre cómo podemos encontrar la casa de tus sueños", etc. Y esto es porque gran parte de la publicidad depende de planes de marketing en los que se tiene una limitación legal, pues en algunos países en decisiones judiciales se castiga económicamente a las empresas cuando entablan juicios contra ellos, por consumir sus productos, como en Estados Unidos de Norteamérica.

De tal manera que con este tipo de publicidad que no establece una llamada a la acción, resulta difícil acreditar en una demanda contra una refresquera o una cigarrera, que alguna persona siguiendo la recomendación de una refresquera o cigarrera consumió sus cigarros o bebidas y contrajo alguna enfermedad, lo que le ocasionó graves perjuicios económicos, psicológicos, físicos o morales susceptibles de ser recompensados con una importante suma de dinero.

Conviene recordar al hablar de publicidad que: *"...la publicidad es el arte de conseguir una proposición de venta única en la cabeza de la mayor cantidad posible de gente, con el coste más bajo posible",* como lo afirma el gran publicista del siglo pasado Rosser Reeves.

Ahora bien, si además decides hacer un plan de marketing, te recomendamos que éste no contenga más de diez hojas y puede ser tan simple, que puede estar escrito en tan solo siete oraciones como lo sugiere Jay Conrad, de esta manera, en la primera oración puedes explicar cuál es el propósito de tu estrategia, en la segunda explicar cómo lograr este propósito describiendo las ventajas competitivas y los beneficios que ofrece tu negocio inmobiliario, en la tercera describe tu mercado o mercados meta, en la cuarta bosqueja todos los medios y estrategias de marketing que emplearás, en la quinta describe tu nicho de mercado, en la sexta oración revela la identidad de tu negocio y en la séptima establece tu presupuesto expresado como porcentaje de los ingresos proyectados.

Al elaborar un plan de marketing sencillo, todos los que participan de un negocio inmobiliario entienden de manera clara, directa e inmediata las metas del plan de marketing, es preferible la simplicidad y no hay necesidad de hacer grandes documentos en los que no es posible discernir o encontrar de inmediato cuál es la meta, cuáles son los objetivos o resultados esperados y como puedes tú contribuir a lograr esos objetivos del plan o cuál va a ser la intervención de cada persona involucrada.

Esto es fácil de ejemplificar cuando tú pides que te guíen o den indicaciones de cómo llegar a un lugar, en donde lo que menos esperas es que te entreguen un documento de cientos de hojas para llegar, sino algunas indicaciones de cómo llegar a ese lugar, igualmente un mapa de un sitio no contiene la referencia de todas las calles cada que hay, es visible el nombre de calles o lugares solamente cuando es posible, necesario y requerido para no perder la ruta.

Los pobladores que practican algún deporte o juego de mesa, no revisan las cien hojas del manual y las instrucciones completas para poder jugar, sobre todo cuando ya ha iniciado el juego o está por comenzar, a muchos pobladores les parece más fácil cumplir 12 leyes, que leer y buscar cumplir 2,500 artículos de una ley civil, otros 200 artículos de otra ley inmobiliaria, 150 artículos más de un reglamento y así hasta que el objetivo inicial se pierde, por lo que siempre es preferible seguir y respetar 12 mandamientos iniciales.

¿Cómo se construye un plan de marketing inmobiliario?

El plan de marketing es un documento esencial para todo negocio inmobiliario en el que es primordial identificar el mercado, definir el nicho de mercado, hacer análisis de la competencia, definir un nombre y atributos esenciales del negocio, crear la imagen e identidad gráfica del negocio inmobiliario, determinar el plan creativo y de medios audiovisuales, determinar tus canales de publicidad, definir al menos los procesos claves y métodos para llevar a cabo el negocio inmobiliario y la resolución de posibles problemas asociados al negocio, determinar una red de proveedores como peritos valuadores, abogados, notarios, expertos financieros, fiscalistas, constructores, desarrolladores, plomeros, herreros, pintores, decoradores y todos aquellos que puedan brindar sus servicios y te permitan mejorar la experiencia de tus clientes.

Este plan de marketing se complemente con tu plan de negocios, en el que ya has definido una estrategia a partir de metas en ventas o ingresos, sin olvidar el seguimiento y atención a clientes, así como la capacitación en ventas y en seguimiento y atención al cliente, desde luego, todo lo que se mide se puede mejorar, por lo que en todo plan deben considerarse evaluaciones y reconducciones, así como una política férrea de mejora continua.

Toda planeación debe contener una estrategia especial orientada a la captación de inmuebles, ya sea que se trate de inmuebles para venta, renta, administración, compra para rehabilitación, inversiones en giros especializados como hoteles, restaurantes, industria, agrícolas, de producción, desarrollos etc., siempre es necesario establecer un modelo de captación de inmuebles que determine varias estrategias y tácticas a seguir dependiendo de la orientación del negocio inmobiliario, esto que parece ser sencillo cuando se hace de manera correcta pone en todos los negocios inmobiliarios, al menos el 70% de sus próximos ingresos.

También, debes considerar hacer un manual de objeciones, en donde prepares poderosas respuestas a objeciones comunes como precio, espacios, ubicación, etcétera.

Podrás preguntarte acerca de qué tan eficiente es hacer esta planeación y cuestionar la elaboración de planes, así como considerar para otra ocasión el proceso de planeación, pero esto te ayudará a responder muchas preguntas acerca de porque no obtienes los ingresos suficientes, o si realmente tienes la vocación necesaria, porque careces de la adecuada especialización, porque tus clientes desconfiaron de tus servicios, porque los consumidores se olvidaron de ti, entre muchas otras preguntas.

Capítulo 3. "Conocer para dominar el Mercado Inmobiliario"

Segunda Ley: *"El mercado inmobiliario deberá ser dominado por los profesionales inmobiliarios, por lo que están obligados a conocer su mercado y poner todo su empeño para explotar provechosamente su nicho de mercado".*

¿Debo conocer el Mercado?

En cualquier negocio y en particular en los negocios inmobiliarios es importante conocer el mercado, saber el tipo de necesidades que puedes resolver, la manera en que los puedes resolver o bien, proponer soluciones novedosas, creativas y diferentes, para intentar satisfacer las necesidades no satisfechas de un nicho de mercado.

Bajo esta premisa, comprenderás que no puedes vender todo a todos, porque terminaras vendiendo nada a nadie, por lo que es importante lograr conocer el mercado y más aún, dominar un nicho específico de ese mercado.

Pero ¿cómo puedes saber si un nicho de mercado es o no importante?, ¿cómo podrás lograr dominarlo?, esto depende mucho de tu plan de vuelo, por lo que indiscutiblemente te sugerimos que hagas una investigación, en algunos casos puedes pedir a especialistas que elaboren ese estudio de mercado, pero es muy importante que te brindes la oportunidad y el tiempo para ser tú quien personalmente investigues en el mercado al menos lo siguiente:

   a) ¿Es un nicho de mercado rentable?
   b) ¿Hay competencia?
   c) ¿Qué ofrece la competencia?
   d) ¿Puedo mejorar el ofrecimiento o propuesta única de ventas de mi mercado?
   e) ¿Quiénes son mis clientes?
   f) ¿Qué buscan o esperan mis clientes que les ayude a resolver?

Nicho de mercado

Cada vez en los negocios es más indispensable saber desarrollar especialidades en lugar de generalidades, porque quien está especializado en algo obtiene mayor reconocimiento e ingresos que alguien que no tiene una especialización, piensa por un momento en un médico, seguramente que un médico sin especialización cobra menos que alguien que se ha dedicado a especializarse en una rama de la ciencia, lo mismo sucede en otras disciplinas o profesiones.

Otra ventaja de poder especializarse es que te permite diferenciarte del resto de competidores y atender tu propio cliente ideal, hay ejemplos extremos de la creación de nichos y segmentaciones, como en el caso de Apple®, que no solamente busco su propio nicho, sino que creó un entorno ideal y lo delimitó, en ese nicho de mercado él es el rey; ya sea por sistema operativo, por estatus, por tecnología, por productos, por servicios, por zonas geográficas, por tipo de inmuebles, por lo que tú decidas, siempre es importante saber identificar tu nicho de mercado y elaborar un plan y desarrollar estrategias para apoderarte de él.

Para hacer un breve análisis en Internet de tu nicho de mercado, utiliza google.com®, en dónde tú puedes hacer una búsqueda como normalmente la harías, creemos que nada es tan personal como esto, por ejemplo, si vas a buscar: "casas en venta en mi ciudad", "casas en renta en mi ciudad" o hacer más específica tu búsqueda como "casas en venta al norte de la ciudad", es como tú buscarías resolver alguna necesidad.

Los resultados esperados y que debes analizar son el número de resultados obtenidos, quiénes de tus competidores aparecen en esa búsqueda, qué ofrecen esos competidores y en la parte inferior de la página cuáles son las búsquedas relacionadas, éstas se refieren a otros términos de búsqueda en los que tus prospectos o clientes pueden buscar resolver una necesidad.

Posiblemente en la parte superior y en el costado derecho de los resultados, veas anuncios de Google, es importante que anotes cuáles son los anunciantes y qué ofrecen en sus anuncios, es probable que tengan un llamado a la acción o bien, sean parte de su propuesta única de ventas, que más adelante veremos con detalle.

Álvaro Mendoza explica en su blog de mercadeoglobal.com, que si no hay competidores en los resultados de búsqueda es síntoma inequívoco de que el nicho no es rentable, que no está "caliente"; Eduardo Barón en el libro "Te lo tengo que decir" (2014), señala "...cuando tú llegas y haces tú búsqueda y encuentras que no hay competencia, preocúpate, porque quiere decir que no hay mercado"..., nosotros agregaríamos que también es probable que no sea el término de búsqueda o palabras clave adecuadas, lo que sugiere que analices a conciencia sí continuas con tu planeación, o bien, replanteas tu negocio inmobiliario.

El que no haya competidores no siempre es síntoma de que puede ser un buen negocio y sin competencia, así que hasta este punto es importante que para comenzar hagas este ejercicio y descubras cómo puedes dominar tu nicho.

Por otra parte, conviene señalar que los profesionales inmobiliarios han creado o identificado sus propios nichos de mercado, por lo que hay nichos por zonas geográficas de la ciudad y un tipo específico de inmuebles como vivienda residencial tipo medio o alto al poniente de la ciudad, en otros casos, son únicamente por tipo de inmuebles y categoría, como bodegas industriales o locales comerciales, en otros por tipo de inmuebles como vivienda de tipo social (económica) y en otras por servicios, como administración o arrendamiento de inmuebles, hay tantos nichos de mercado como tu creatividad, investigación, empeño y dedicación te lo permitan.

Para qué puedas conocer las tendencias de búsquedas en Internet y las palabras clave que son interesantes para tu negocio inmobiliario, puedes seleccionar las búsquedas relacionadas y sí deseas hacer una investigación más profesional, puedes utilizar la herramienta de Google Adwords® para Palabras Clave en dónde puedes hacer un listado de acuerdo con las palabras clave de más búsquedas mensuales locales y que menos competencia tengan (si apenas estás empezando tu negocio es importante que comiences con esta combinación de palabras de búsqueda), o bien, ir al sitio ubersuggest.org en dónde teclearas una palabra clave y te arrojará literalmente cientos o miles de sugerencias de palabras clave a través de las cuáles te pueden buscar tus prospectos.

A partir de las palabras clave también puedes conocer las tendencias de búsqueda en los últimos años en google.com/trends, en dónde colocarás las palabras que más te interesen, la ciudad en dónde pondrás tu negocio y podrás ver los resultados. Si la tendencia de búsqueda no arroja resultados, significa que debes buscar palabras clave más cortas, por ejemplo en lugar de "casas en venta en Tucson", podrás buscar "casas en venta" y localizarte geográficamente en Arizona y luego en Tucson.

Lo que lograrás al desarrollar tu propio nicho de mercado y conocer las tendencias actuales, es que dominarás ese nicho con cierta facilidad y podrás avocarte a perfeccionar tus estrategias y tácticas en ese nicho, conocer el medio en el que te desenvuelves personal y profesionalmente bajo este nicho que te traerá éxito y reconocimiento de clientes y otros profesionales con los que tienes relación. ¿Puedes ver o escuchar cómo se refieren a un especialista cuando surge alguna duda o necesidad de atender en el nicho de ese especialista?

Propuesta Única de Ventas

La propuesta única de ventas sirve para diferenciarte de todos los demás competidores, así de sencillo, es un enunciado en donde se destaca claramente la diferencia respecto de los demás competidores. En las pizzas la propuesta única de ventas de entrega en tu casa antes de 30 minutos identificó varios aspectos, entrega a domicilio tomando en cuenta que en el momento que se elaboró no había ese servicio, entrega rápida antes del tiempo señalado, garantía de cumplir la promesa de entrega o la pizza era gratis, pero a todo esto ¿qué tiene que ver esta propuesta con el sabor, olor, consistencia o calidad de los alimentos?

Para que puedas hacer una propuesta única de ventas, debes construir un enunciado en el que expliques cuál es tu ventaja principal, por medio de una promesa que actualmente no tiene ningún otro competidor en la cual invites a tus clientes a comprarte a ti y no a tus competidores, siendo contundente al expresar lo que lograrán tus clientes si te contratan o compran a ti.

La propuesta única de ventas te ubicará lejos de tus competidores y esta diferencia jugará a tu favor, además de que irá directo al punto en el que tú deseas atacar tu nicho de mercado.

Las cuatro categorías en donde habitualmente se centran las propuestas únicas de ventas suelen ser sobre: a) Servicio, b) Exclusividad, c) Valor percibido o d) Precio.

Ten cuidado de no hacer propuestas únicas de ventas que hablen de años de experiencia, grandeza de la empresa u ofrecimientos de precios económicos por servicios, en cambio, prefiere construir tu propuesta a partir de decirle a tus prospectos o clientes lo que realmente encontrarán en tu negocio inmobiliario para ellos, expresado en ventajas o beneficios, haciéndote diferente de tus competidores, de tal manera que la atención personalizada, asesoría profesional, años de experiencia o comisiones competitivas (generalmente bajas) son poco recomendables, puesto que casi todos los competidores ofrecen esto, aunque conviene resaltar que es posible que haya profesionales que puedan darle un giro a su frase, basándose en estos aspectos, de tal manera que pueden lograr parecer diferentes a sus competidores.

¿Cómo logro hacer una Propuesta Única de Ventas Exitosa?

Álvaro Mendoza comparte en su curso en línea "Flujo Ilimitado de Clientes", que la elaboración de la Propuesta Única de Ventas (PUV) es algo sencillo y divertido, por lo que para escribirla puedes comenzar por contestar las siguientes preguntas:

1. ¿Qué hago como profesional inmobiliario que me gusta y da mayor satisfacción?
2. ¿Qué hago mejor que la competencia?
3. ¿De qué manera difiere mi modelo de negocios con el de mi competencia?
4. ¿Qué característica de mi servicio es mejor que la de cualquier otro?
5. ¿Qué premios he ganado como profesional inmobiliario?
6. ¿Qué cumplidos he recibido de mis clientes?
7. ¿Qué cosas han dicho mis clientes sobre mis servicios como profesional inmobiliario?
8. ¿Qué promociones podría conseguir u ofrecer para mis prospectos o clientes?
9. ¿Qué categoría de mercado o nicho no está siendo atendida en este momento en el ramo inmobiliario?

También puedes además preguntar a tus clientes:

1. ¿Por qué me compraron a mí y no a mi competencia?
2. ¿Qué buscan en un proveedor de mis servicios?
3. ¿Qué consideran importante cuando toman una decisión de compra?
4. ¿Qué características o beneficios valoran más o quisieran que agregues a tu servicio?

Con las respuestas a estas 13 preguntas puedes escribir entre 5 y 10 enunciados que contengan tu propuesta única de ventas, procura incluir aquello que a tu juicio pueden ser los puntos claves poniendo énfasis en los beneficios que ofreces a tus clientes.

Una vez que delimites las principales, puedes mostrar los enunciados a tus empleados, amigos, familiares o clientes actuales y con sus comentarios y sugerencias podrás elaborar tu Propuesta Única de Ventas, recuerda que en ese párrafo debes comunicar claramente porque tus clientes deben comprarte a ti y no a tu competencia.

Este párrafo con la propuesta única de ventas deberás usarlo en tu sitio web, membrete, tarjeta de presentación y en todos los materiales publicitarios y de marketing, recuerda que tu propuesta única de ventas debe estar presente para ti, todos tus clientes, empleados, proveedores y competencia en todo momento.

Beneficios de contar con una Propuesta Única de Venta

Para este momento podrás darte cuenta que los beneficios de tener tu propuesta única de ventas son muchos y máxime que la construyes a partir de toda la investigación e inteligencia de mercado que previamente desarrollaste, pero sí aún dudas de los beneficios de una propuesta única de ventas, puedes encontrar un claro ejemplo en Head & Shoulders® que hizo posible diferenciarse de todos los demás champús del mercado que básicamente sirven para lo mismo.

De esta manera podrás encontrar beneficios al delimitar o delinear tu nicho y posicionarte como el mejor en ese segmento, ubicar tu servicio en un segmento diferente al que actualmente ocupa tu competencia, sentarte en un sillón privilegiado en el que tu diferenciación, segmentación y nivel te lleven a un nicho en el que no habrá competencia directa, lograrás que tu publicidad sea más recordada que la de cualquier competidor y llegarás a la cima en dónde la especialización te permitirá tener una mayor abundancia y prosperidad.

"Recuerde: si usted no sabe por qué ellos deberían comprarle a usted, ellos tampoco lo sabrán. Su Proposición Única de Venta es la que le dará claridad a todo que usted haga."

Álvaro Mendoza

Capítulo 4. "La competencia y coopetencia del profesional inmobiliario"

Tercera Ley: *El profesional inmobiliario deberá establecer y fortalecer relaciones sanas de competencia con los demás profesionales y aprender métodos y formas de distinguirse de la competencia.*

Relaciones sanas de competencia

Alfred Marshall (1842-1924), fue un economista británico, que sostuvo: *"La tarea que me he propuesto llevar a cabo es la siguiente: cómo evitar los males de la competencia mientras conservamos sus ventajas".*

En el ramo inmobiliario y casi en cualquier negocio, existe la necesidad de establecer y fortalecer relaciones sanas con la competencia, por lo que éticamente es imprescindible llevar una serie de conductas y códigos que te permitan aprovechar todas las ventajas de ser y tener competidores leales.

La congruencia ética de los profesionales inmobiliarios impide que se realicen actos que vayan en contra de una serie de valores con los que se vive y desarrolla de manera armónica una persona en la sociedad y reafirma la percepción de confianza sobre todo profesional inmobiliario.

Por lo tanto, una relación sana de competencia se basa principalmente en la ética, en conducirse de manera tal que todo lo que se despliegue o desarrolle en la actividad del profesional inmobiliario pueda ser analizado a la luz de las conductas morales en las que no se permita obtener una ventaja inmerecida o desleal sobre otros profesionales inmobiliarios.

Como se diría popularmente, si haces algo que no te avergonzaría sí se hiciera público o dices algo que puedas decir públicamente sin pena alguna, entonces estas llevando a la práctica una conducta éticamente aceptable.

La competencia siempre es necesaria para cualquier negocio, porque te obliga a superarte, a buscar maneras innovadoras de atender a tu nicho de mercado, a implementar estrategias, evaluar tus resultados y porque no decirlo, aprender de ella. Así que siempre es bueno agradecer que haya competencia porque siempre habrá algo en que mejorar y que logre diferenciarnos, sin olvidar que para lograr ser una verdadera competencia debes basar tus acciones en principios éticos, porque si tú entregas cosas buenas a otros, es más probable que recibas de vuelta cosas buenas y esto te hará ser el mejor profesional inmobiliario.

Así, al distinguirte de la competencia sobre verdaderas razones atribuidas a la manera en que brindas u ofreces tus servicios profesionales, los procedimientos que llevas a cabo para desplegar tu actividad profesional, o bien, la correcta puesta en marcha de tu Propuesta Única de Ventas de la que te contamos el capítulo anterior, estarás en el camino ideal para cumplir con la tercera ley del Marketing para Inmobiliarios que todo profesional puede cumplir.

Esta tercera ley del marketing para inmobiliarios que habla sobre la competencia ética, te impulsará a buscar hacer algo diferente dentro del proceso tradicional de los bienes raíces que te brindará una ventaja sobre cualquiera de tus competidores. Este cambio aún cuando sea pequeño te dará una cierta ventaja sobre tu competencia y si te trazas la meta de buscar hacer un cambio pequeño cada cierto tiempo, lograrás crezca tu negocio inmobiliario ilimitadamente; por ejemplo escribe el propósito de lograr una mejora mes con mes, es decir, cada mes introduce una ventaja o mejora algún aspecto, cuando llegues al año, estamos seguros que la competencia no te podrá alcanzar, entonces habrás dominado este ley y sobretodo dominarás el negocio por encima de tu competencia.

Capacitarse más que la competencia

En primera instancia, la ley señala la importancia de fomentar la competencia leal, basada en la disposición a ser leal con los competidores, clientes, proveedores, comunicadores y todos aquellos que tienen algún contacto con los servicios o productos que brindas; en segunda instancia, la ley destaca la necesidad del aprendizaje de métodos y formas para distinguirse de la competencia, es decir, siempre es importante la formación y capacitación del profesional en Bienes Raíces, esta continua formación logrará que desarrolles una metodología propia y adecuada para tu negocio inmobiliario.

Dice Ernesto Guerra, *"Mientras más me capacito, más suerte tengo"*, nada más cierto que esto, mientras más te esfuerces, vivas con valores y te prepares, seguramente que tendrás mucha suerte, verás que poco a poco tu negocio inmobiliario empezará a prosperar, tu vida mejorará, es probable que tu familia comience a apoyarte al darse cuenta de que tu entorno mejora y casi sin darte cuenta, tendrás reconocimiento de propios y extraños.

Ahora que conoces sobre la importancia de que tengas competencia, de que seas leal a ese espíritu de competencia y que dentro de los negocios inmobiliarios es esencial que marques la diferencia a partir de pequeñas pero consistentes ventajas o beneficios para tus prospectos o clientes, sin descuidar que un paso importante para el desarrollo personal y profesional es la capacitación, te invitamos a llevar a la práctica estas sencillas recomendaciones, si todos llevamos a la práctica estas recomendaciones estaremos más cerca de lograr un gremio mejor.

A manera de conclusión, escribe la respuesta a estas 4 sencillas preguntas:

1. ¿Estoy ofreciendo un beneficio que mi público realmente desea?
2. ¿Esto es un beneficio real?
3. Lo que ofrezco ¿Me distingue realmente de mi competencia?
4. Lo que ofrezco y brindo ¿Es único o difícil de copiar?

La coo-petencia

No podíamos dejar pasar la oportunidad de hablar de la coo-petencia, término acuñado por Barry J. Nalebuff y Adam M. Brandenburger, en su libro "Coo-petencia" (2005), en el que básicamente señalan que el negocio es cooperación cuando se va a crear el pastel y competencia cuando se va a repartir, asimismo afirman: "...*Hay que escuchar a los clientes, trabajar con los proveedores, crear equipos, establecer asociaciones estratégicas, aún con los competidores... El resultado típico de una guerra de precios es que las utilidades se sacrifican para todos. [...] lo cierto es que la mayoría de los negocios sólo prosperan si los demás también prosperan... Es cuestión de éxito mutuo más... que de destrucción mutua*".

La coo-petencia se refiere a la capacidad de aprender y enseñar el juego de tu negocio inmobiliario y ver que hay varios participantes, dentro de esos participantes están los clientes, así como tus emprendedores complementarios (*"complementadores"* como lo proponen Barry J. Nalebuff y Adam M. Brandenburger), por ejemplo los que se dedican a la decoración de interiores, los carpinteros, arquitectos, notarios públicos, entre otros y también están tus competidores, de tal manera que se complementan y apoyan mutuamente para crecer en su negocio inmobiliario.

Esta manera de pensar deja obsoleta la idea de que para ganar en el negocio inmobiliario debe barrerse o aniquilar a la competencia y que si alguien gana es porque otro pierde, porque sucede lo que comenta Bernard Baruch (1870-1965): *"No hay necesidad de apagar la luz del prójimo para que la nuestra brille"*.

Esta idea sobre preferir la creación en lugar de la aniquilación, también se ha compartido en el libro *"La ciencia de hacerse rico"* de Wallace D. Wattles (1910), en donde se sugiere al lector que tenga pensamientos creativos en lugar de pensamientos competitivos, de esta forma, se fijará en la mente la imagen e idea clara de lo que se quiere, se tendrá un firme propósito de lo que se pretende conseguir y la fe de que se conseguirá, cerrando la mente a todo lo que pueda cambiar el propósito, debilitar tu visión o cambiar tu fe, ya que el pensamiento competitivo supone que le quitarás o privarás a otra persona de algo que le pertenece o pudiera llegar a pertenecer y la "materia sin forma" es ilimitada.

Esto quiere decir, en resumen que pensar competitivamente parte de la base de que la riqueza (no solamente de bienes económicos) es limitada y que se debe arrebatar a otra persona esa riqueza para conseguir tu propia riqueza, sin embargo, el pensamiento creativo supone que hay suficiente y más de lo que necesitamos todos, por lo que siempre será mejor tener pensamientos creativos y este libro escrito el siglo pasado puedes leerlo y darte cuenta que siempre seguirá vigente en la medida que se tenga un enfoque claro y libre de carencias sobre lo que quieres, un propósito firme y claro, así como la fe de que conseguirás lo que deseas.

Capítulo 5. "Innovación y uso de la tecnología de la información".

Cuarta Ley: *"Es una obligación de todo negocio inmobiliario ejecutar estrategias para la innovación en el mercado inmobiliario e implementar el uso de la tecnología para brindar un mejor servicio al cliente".*

Innovación en los negocios inmobiliarios

La innovación transforma las ideas en valor, es decir, la innovación debe generar ideas que brinden resultados positivos para los clientes. Esta innovación es continua y basada en la búsqueda de oportunidades y soluciones, así como la exploración permanente del entorno.

Para asegurar la correcta implementación de esa idea innovadora procura elaborar un proceso en el que todos los involucrados, incluyendo, en su caso, tus empleados o colaboradores, aporten propuestas y construyan a partir de ideas básicas, poderosas innovaciones en el mercado inmobiliario, que otorguen valor a los servicios que brindas de tal manera que mejoren su experiencia a tus clientes.

Una innovación puede implementarse a nivel de organización del negocio, en la atención a clientes o en la búsqueda de nuevos nichos de mercado.

Cuando pienses que la innovación ha dado resultados específicos, es momento de buscar innovar nuevamente, sin descuidar el equilibrio entre la búsqueda de ideas y su implementación, esto porque muchas veces los profesionales inmobiliarios buscan la perfección que los lleva a la parálisis y les impide hacer cualquier innovación, así que al momento de innovar no necesitas esforzarte más en la perfección, sino en la acción.

Daniel Marcos comparte mediante vídeo en su blog capitalemprendedor.com, los secretos para innovar de Steve Jobs, que es un artículo escrito originalmente por Guy Kawasaki, en dónde en 10 puntos comparte cómo debes innovar:

1. Vete a ti mismo como innovador. Creerte que puedes innovar y esto te ayudará a empezar a innovar.

2. Hacer lo que amas. Cuando amas lo que haces vas a buscar muchas formas de hacerlo mejor y esto te llevará a innovar.

3. Pon un golpe en el Universo. Encuentra un problema muy grande y busca solucionarlo de tal manera que cambie el universo.

4. Pon tu cerebro a pensar. Trata de buscar diferentes formas de innovar.

5. Vende tus sueños, no tus productos. Encuentra cómo el producto o servicio que vas a dar a tu cliente va a resolver un problema de su vida, de tal manera que tu cliente vea el servicio más como un sueño que como un servicio y lograr que el servicio sea una experiencia en su vida.

6. Di no a mil cosas. Esto significa que busques enfocarte en lo que realmente le va a dar valor a las personas y pon en marcha eso.

7. Busca lo simple. Al momento de brindar tus servicios busca hacerlo de manera simple, sin complicaciones, las personas evitamos lo complicado.

8. Crea una experiencia espectacular. Que la experiencia de tus clientes sea más que buena y cuando la recuerden digan que fue espectacular esa experiencia.

9. Conviértete en el maestro del mensaje. Puedes describir las características de tu servicio, pero será mejor que pruebes un mensaje poderoso que brinde al cliente la idea de alto valor sobre tus servicios, Daniel Marcos ejemplifica en el Iphone que no es un teléfono, sino el mensaje puede ser: "todo el poder de la comunicación en tu mano".

10. Piensa en grande. Steve Jobs se preguntaba ¿qué puedo hacer para cambiar la industria?, ¿qué puedo hacer para cambiar el mercado?, entonces puedes preguntarte ¿cómo cambio la experiencia de mis clientes al comprar, vender o rentar su inmueble?

Uso de la tecnología

Pretender estar a la vanguardia tecnológica en los negocios inmobiliarios es poco más que una utopía, puesto que día a día hay nuevos desarrollos tecnológicos que se pueden adaptar al mercado inmobiliario. Sin duda, el Internet vino a revolucionar todo el mercado y los estilos de compra de los clientes, pero siempre es importante dominar los elementos básicos, así cuando cambie una red social, un portal inmobiliario, un equipo, un Smartphone, lo que venga a pretender sustituir esa herramienta o tecnología, tú seguirás dominando los principios.

Cuando una nueva tecnología llega a los negocios inmobiliarios es fácil decir desplazará a otra, sin embargo, esto no siempre sucede, como cuando se pensó que la televisión sustituiría al cine o el cine sustituiría al teatro. Por esta razón es importante conocer los fundamentos de la nueva tecnología y principalmente no rehuirle. El problema de la ausencia de tecnología en los negocios inmobiliarios es que no se aprovechen todos los beneficios que brinda para hacer más fácil tu vida.

Todo profesional inmobiliario debe ser un maestro dominando la tecnología, ya sea para la utilización de dispositivos móviles, para georeferenciar un inmueble, para hacer vídeos o presentaciones, para mejorar y optimizar las imágenes, para sistematizar información, etcétera, este dominio permitirá que te adaptes a tus clientes y no al revés, no sabes en qué momento vas a tener un cliente tecnológico o anti tecnológico, (si nos permites el término) de cualquier manera tú debes adaptarte al cliente y no al revés.

Recomendaciones para todo negocio inmobiliario

Actualmente se pueden encontrar Sistemas de Gestión Inmobiliaria o CRM (*Customer Relationship Managment* por sus siglas en inglés), que dependiendo del mercado inmobiliario pueden ser crminmobiliario.com, nocnok.com, easybroker,com, egorealstate.com, noteges.com, o bien CRM gratuitos como zoho.com, estos sistemas te ayudan a tener una mejor atención y seguimiento a los clientes y casi todos los que están especializados en el ramo inmobiliario ofrecen la posibilidad de publicar en tu propia página y además republicar en los principales portales especializados en promoción inmobiliaria.

Hablar de actualización de los negocios inmobiliarios, pasa también por los sistemas de atención al cliente, que han llegado al extremo de buscar personalizar la relación con miles de clientes a la vez, con herramientas como el CRM (*Customer Relationship Managment* por sus siglas en inglés) o los más especializados denominados CRM para inmobiliarios, que ofrecen la creación de tu página web, multi publicación de anuncios en varios portales especializados inmobiliarios, recordatorios de citas y fechas importantes, envío de correos electrónicos, gestión de campañas de email marketing, promoción automática inteligente a clientes registrados de acuerdo con sus necesidades y un sinnúmero de funcionalidades.

El almacenamiento de información en la nube es una gran ventaja y puede ayudarte a dormir tranquilo ante la posibilidad de perder información por algún daño físico o de software de tu computadora, tablet o dispositivo, por lo que te sugerimos utilices Dropbox, Google Drive, Sky Drive, Amazonaws, o cualquier otro medio para almacenar información en la nube.

También puedes apoyarte de la tecnología para hacer vídeos novedosos, con audio con derechos o bien, encargar a una persona especializada para que los realice, puede ser que al momento de tener este libro en tus manos algunas páginas de Internet hayan cambiado, sin embargo, al momento de escribirlo te sugerimos que utilices es.fiver.com en dónde desde 5 dólares americanos puedes conseguir que te hagan tu logotipo, que te diseñen una *"intro"* espectacular para tus vídeos o te escriban artículos para la página de tu negocio inmobiliario.

También puedes encontrar audio muy adecuado para tus vídeos en audiojungle.com y diseños de tus presentaciones o tarjetas de presentación en graphicriver.net. Para subir tus vídeos te recomendamos YouTube y sí deseas personalizar la reproducción y que se vea más profesional en tu sitio web te recomendamos la versión pro o bussiness de vimeo.com.

Hay otros sitios que te ayudan a crear vídeos como stupeflix.com y también en dónde tienen plantillas prediseñadas como wideo.com, sí deseas hacer tu el vídeo y que se vea muy profesional, te recomendamos Camtasia Studio, lo puedes descargar en techsmith.com/camtasia.

Ahora bien, sí deseas tener tu propio sitio web, te recomendamos ampliamente que lo hagas basándote en la plataforma de wordpress.org, solamente requieres de un buen hosting y un tema orientado a los negocios inmobiliarios, actualmente hay hostings desde 2 dólares mensuales y temas desde 45 dólares un solo pago.

Pero más que las ventajas del precio que hacen que ya ningún profesional inmobiliario pueda decir que no puede tener la página web de su negocio inmobiliario por carecer de recursos económicos, conviene que sepas que en 2011 Matt Mullenweg informó que 22 de cada 100 nuevos dominios activos en los EE.UU. se están ejecutando en WordPress, de acuerdo con Matt, para 2015, el 23,4% de todos los sitios existentes en Internet basados en gestores de contenido estaban siendo realizados a través de esta plataforma de gestión de contenidos y lo mejor es que se pueden visualizar muy bien en tablets, smartphones, laptops y computadoras de escritorio por ser la mayoría de los temas "responsivos" que no es otra cosa que se puedan visualizar de una manera adecuada en una Tablet o un Smartphone.

WordPress cada vez ofrece más ventajas para trabajar y parte de esos beneficios se logran con los plugins que literalmente hacen maravillas, ya que te ayudan a la personalización y publicación de contenido, el diseño, funcionalidades como enlaces rotos, compresión de contenido para hacer tu sitio más rápido para mejorar la experiencia con los usuarios, optimización de imágenes, entre otros.

También Wordpress ayuda en la publicación de contenido, que es como enviar un correo electrónico y es sorprendente la sencillez con la que puedes hacer tu sitio debido a que no se requieren amplios conocimientos de programación y en Internet hay miles de vídeos gratuitos en YouTube y cursos de pago que te enseñan cómo configurarlo para crear tu sitio y también a auxilian para aprovechar una ventaja por encima de casi cualquier otro, la facilidad de lograr la optimización para los buscadores (SEO) que te ayuda a hacer más sencilla la tarea de que aparezcas en los primeros lugares de búsqueda como más adelante te explicaremos.

En resumen, dos herramientas clave que te llevarán al éxito en tu negocio inmobiliario son la innovación y el uso de la tecnología, así que mientras más innovación y actualización hagas en tu negocio se traducirá en mayores beneficios para todos.

Capítulo 6. "Formación, actualización y capacitación del profesional inmobiliario"

Quinta Ley: *"El Profesional Inmobiliario deberá cumplir un proceso de formación, actualización y capacitación permanente sobre su profesión, el mercado inmobiliario y en general todos los aspectos relacionados a los negocios inmobiliarios".*

Formación del Profesional Inmobiliario

En tu negocio inmobiliario, como en la ley de la vida (nacer, crecer y morir), es natural tener una evolución que se describe en fases a las que podemos llamar como creación, desarrollo, auge, detrimento y extinción.

Parte de la preparación para esta evolución de todo negocio inmobiliario es la formación, actualización y capacitación, porque permite que tu negocio esté en constante desarrollo y que los ciclos de tu empresa sean menos dolorosos o tengas la posibilidad de prepararte previamente para estos cambios.

Un profesional inmobiliario que logra una correcta formación tendrá menos dificultades para crear, iniciar o desarrollar su negocio inmobiliario que aquél profesional que carece de la formación sobre bienes raíces y todos los aspectos inherentes a un negocio inmobiliario, lo mismo sucederá cuando llegue una etapa en donde parezca que tu negocio ha llegado a un momento de detrimento o a la extinción, si como profesional inmobiliario tienes una buena formación podrás identificar si se trata de un simple detrimento del negocio y es momento de relanzar tus estrategias inmobiliarias.

Por esta razón es una ley que los profesionales inmobiliarios busquen recibir la formación necesaria para su negocio, para evitar que tengan dificultades que impidan su desarrollo profesional y personal, además de prevenir que esa ausencia de capacitación o formación pueda afectar a tus clientes, quienes ante la ignorancia de varios aspectos puede originar que incumplan con sus obligaciones y puedan ser sancionados por las autoridades, lo que provocaría consecuencias costosísimas.

Actualización inmobiliaria

Los profesionales inmobiliarios continuamente buscan estar actualizados en temas relacionados a los negocios inmobiliarios, porque invariablemente se actualizan las leyes, los trámites, los requisitos, etcétera. Y la forma en que puedes aportar un elemento diferenciador al mercado es precisamente a través de la actualización en las materias de interés de tu negocio inmobiliario, puesto que el proceso de constante actualización te ayudará a ser un profesional destacado.

Ya quedaron atrás los asesores inmobiliarios que temen a los correos electrónicos, a anunciarse en Internet, a publicar sus propiedades en los medios electrónicos o simplemente conocer y entender el funcionamiento de las redes sociales, máxime que ahora los prospectos y clientes consultan constantemente desde sus dispositivos móviles o computadoras, las redes sociales, sus correos personales, redes sociales, vídeos y todo aquello que hace unos años parecía increíble de llevar a la práctica.

Así que la actualización no es solamente un proceso de saber qué ha cambiado en los negocios, como saber los nuevos productos de créditos hipotecarios, trámites para una escritura de un bien inmueble, constancias de libertad de gravamen, nuevos procesos de ventas, legislación en materia fiscal, de transparencia, de privacidad, civil o penal; sino también de comprender porque los clientes acuden a nuevos lugares en los que antiguamente se pensaba no iban a buscar comprar una casa, rentar una oficina o facilitarse el proceso de localizar un local para poner su próximo negocio.

Es tan dinámica la actualización personal y profesional, que posiblemente parezca novedoso el neuromarketing en el siglo XXI, pero en unos años podría ser cosa del pasado, como también es dinámica la evolución de los medios de comunicación, basta recordar que llevó siglos que la imprenta fuera utilizada masivamente, varias décadas para que la televisión fuera un medio de comunicación masivo y solo algunas décadas para que el Internet se utilizara masivamente y ni hablar de la evolución de las redes sociales o los avances tecnológicos, como lo sucedido a los teléfonos que llegaron a una revolución desde aquél invento de Graham Bell a los nuevos Smartphones en los que hoy el 75% de los usuarios acceden a Internet en sus teléfonos inteligentes y cada día hay más visitas a los sitios web a través de estos dispositivos móviles.

La actualización es parte de la vida cotidiana de los profesionales inmobiliarios y aunque no siempre es posible estar a la vanguardia, lo cierto es que en este aspecto los clientes pueden llevar a la necesidad de implementar nuevas estrategias, herramientas y medios de comunicación para estar más cerca de ellos, por lo que ya no hay inmobiliarios que digan que las ventas, operaciones o transacciones se hacen bajo sus formas y medios, sino que buscan la manera que se haga más fácil resolver las necesidades de los públicos que tienen relación con ellos.

Capacitación del profesional inmobiliario

Para algunos negocios inmobiliarios la capacitación es un proceso constante y parte de su éxito se encuentra precisamente en este aspecto, hay diferentes métodos de enseñanza, tantos como los distintos estilos de aprendizaje de las personas. Nosotros recomendamos que como profesional inmobiliario te capacites en aspectos teóricos, prácticos, vivenciales y que de ser posible hagas simulacros sobre prácticas que te lleven a mejorar algún aspecto de tu negocio.

Toma en cuenta que las personas obtenemos conocimientos e información a través de mensajes visuales, kinestécicos o auditivos y esto te ayudará a tener un próspero negocio, ya que sabrás como capacitar, vender u ofrecer tus servicios a una persona visual que percibe el mundo a través de imágenes que ven el conocimiento, o bien, a una persona sensorial que adquiere conocimientos e información por lo que llega a sentir o bien a quien le puedes platicar o decir cómo mejorar algún aspecto y te escuchará perfectamente porque obtiene su información de acuerdo con lo que percibe por medio de sus oídos.

De acuerdo con Edmundo Velasco en su libro Marketing en Internet con PNL (2013), 50% de la población de manera inconsciente tiene preferencia visual para generar representaciones del mundo, 40% tienen preferencia sensorial o kinestésica y sólo el 10% de la población tienen preferencia auditiva y esto es muy poderoso porque casi 95% de los actos humanos se realizan de manera inconsciente, aunque las justificaciones se lleven a un plano de conciencia en donde solamente se *justifica* la decisión tomada respecto de un hacer o dejar de hacer de los individuos.

Así que las sesiones en aula tipo maestro frente alumno, las conferencias, los talleres, las videoconferencias o los audios no son más importantes o brindan mayores resultados que otros y mucho menos están fuera de moda, lo que importa es que el capacitando tenga una preparación adecuada para balancear sus estilos de aprendizaje por medios visuales, sensoriales y auditivos.

Además de los estilos de aprendizaje, al recibir capacitación es importante tu actitud para aprender y abrirte a nuevos conocimientos, porque si vas a capacitarte y de antemano te programas con una actitud de *"sabelotodo"*, seguramente que aprenderás muy poco, pero sí te programas para aprender, podrás darte cuenta que aún cuando ya lo sabías, existen diversas maneras de concebir una situación particular y ante un diferente punto de vista habrás descubierto una nueva manera de hacer algo que de antemano tú sabes cómo se hace, o bien, confirmar que lo que estás haciendo lo estás haciendo bien o mejor.

En cuanto a la calidad de la exposición poco hay que hacer, se piensa que lo gratis no tiene valor y que lo muy costoso es algo bueno de aprender, estos dogmas cada vez tienen menos sustento, actualmente muchas personas están literalmente regalando sus conocimientos y aunque cada vez hay menos, también hay personas que siguen regateando sus conocimientos o experiencia adquirida; por favor, toma en cuenta que por cada hora de enseñanza es probable que el instructor, conferencista, maestro, guía, gurú o facilitador hayan invertido por lo menos ocho horas de preparación y años de experiencia.

Nosotros estaríamos felices de que pudieras compartirnos alguna capacitación que quieras brindar y sí queremos apoyarte para que muchos profesionales inmobiliarios te escuchen, por lo que con gusto podrás comunicarte en la página de contacto de marketingparainmobiliarios.com, al capacitar a otras personas tú también aprenderás cada día más.

Capítulo 7. "Imagen del negocio y el profesional inmobiliario"

Sexta Ley: *"El Profesional Inmobiliario deberá esmerarse para crear y otorgarle valor a su imagen profesional y la imagen de su negocio inmobiliario".*

La imagen aplicada a los negocios inmobiliarios

Vamos a hacerte un par de preguntas ¿Cuántas veces te han dicho o dijiste: una imagen dice más que mil palabras? Seguramente que al menos una ocasión, pero ¿cuántas ocasiones esa imagen dice lo que realmente queremos que diga?, por ello no basta con decir que eres un profesional inmobiliario, debes parecer un profesional. En esto de la imagen tenemos pocos segundos y una única oportunidad para causar una buena impresión ante las personas, porque la imagen es percepción y como ya lo leíste, 50% de las personas percibe el mundo a través del sentido de la vista.

Con estas ideas acerca de lo que dicen las imágenes de nosotros y la importancia de que un gran número de personas es visual, vamos a tratar de crear una buena imagen profesional y de nuestro negocio, por lo que será importante hablar de la creación de marca personal y del negocio, así como una identidad gráfica, que más que diseño, tipografía y colores, es la esencia de tu marca.

La identidad gráfica además del diseño, debe contener la visión, misión, valores, historia y leyenda o historia de la marca, para regular las diversas aplicaciones y sistemas de uso de la firma y el logotipo bajo un manual, así como darle una serie de elementos y usos acordes con esta idea general.

Un manual de identidad gráfica aporta elementos claros para definir los lugares en dónde puede estar tu marca, por ejemplo, un foro destinado a tu público objetivo, en lugar de un evento que no tenga relación directa e inmediata contigo o tu negocio. También sirve para señalar el concepto de la firma, que se refiere a la marca y contiene sus antecedentes, historia y una descripción razonable.

Este manual describe el lema que es un enunciado simbólico en dónde se sintetiza el aporte de los socios de la marca y presenta el logotipo que es la imagen a través de la cual se hace visible la identidad de la institución, además de las diversas aplicaciones que puede tener.

Alguna ocasión nos preguntaron sí el manual de identidad gráfica debía ser único y para siempre, al respecto hay muchas respuestas hasta contradictorias en cuanto a la imagen, pero siempre debe estar basado en la esencia de la marca, este principio se debe respetar hasta donde sea posible y tenga congruencia con la misión, visión, valores e historia.

Es posible que en este momento se confunda la identidad gráfica con la publicidad o con mercadotecnia, y casi que podemos decir que estás pensando en hacer un manual de identidad gráfica tipo Nike®, pero te tenemos una gran noticia, esta es solamente una de sus aplicaciones y no creemos que quieras invertir millones de dólares para posicionar tu marca como ellos hacen, además de que esta visión de mercadotecnia o publicidad hace fracasar a más de 80% de los esfuerzos en publicidad.

Así que conviene insistir en que el manual de identidad gráfica es un elemento valioso dentro de tu negocio y para efecto de tener una adecuada imagen de tu persona y tu emprendimiento, que al construirlo tome en cuenta tu propósito, misión, visión, valores, tu historia y la construcción de una leyenda que define una firma y la marca.

De esta manera, más que solamente verte bien, vas a lograr hablar bien de ti y que las personas sensoriales puedan sentir una experiencia adecuada con tu imagen y vas a tener congruencia en tu papelería, sitio web, publicidad, con tus competidores, clientes y proveedores.

Después de hacer este proceso puedes buscar una persona experta en diseño quien de acuerdo a su experiencia te sugerirá el diseño, los colores, la tipografía, pero definitivamente no podrá darte el lema o tu misión, ni la esencia o razón de ser de tu negocio.

Eduardo Barón sostiene en su libro "12 Claves para Construir Un Negocio Exitoso":

> *"Tú tienes que tener una misión y un propósito en tu vida empresarial. Por lo general, estas tienen que ver con la gente, tu propósito en la vida puede ser cambiar el mundo, o darle un futuro mejor a tu familia; tu misión es el motivo por el cual existe la empresa. Convierte esa misión en una frase poderosa que tú, los que trabajan contigo y tus clientes la conozcan.*

Si tu Misión es clara, la gente va a entender por qué haces lo que haces, tus colaboradores van a trabajar con esa misión en mente y tus clientes te van a comprar porque comparten esa misión".

Congruencia de la identidad gráfica

Como profesional inmobiliario el comportamiento también es indicativo de la identidad gráfica, por lo que siempre abonará a nuestra marca el comportamiento ético y congruente con el mensaje que queremos construir y transmitir con nuestra imagen. Es posible que a través de nuestro comportamiento podamos ser precalificados sobre nuestro desempeño profesional y al cerrarse una puerta antes de haber tocado, se estará cerrando la oportunidad de demostrar qué tan profesional eres.

Por esta razón la congruencia en el comportamiento sumada a la percepción generada y a la identidad gráfica, será la imagen que queremos hable por nosotros y diga lo que queremos decir.

Así, la imagen profesional no es únicamente vestir bien, también es hablar congruentemente y saber de lo que se va a hablar, interiorizar el mensaje que queremos transmitir; cinco segundos de percepción del desempeño profesional de la persona indican más de lo que pudimos haber leído o escuchado de esa persona, sí en esos cinco segundos nosotros nos descuidamos podemos generar una mala percepción en las personas y entonces las personas no van a poder conocer lo que realmente somos y hacemos, no van a poder llegar a ese punto de conocer cuál es nuestro desempeño profesional.

La percepción de servicio con una imagen poco adecuada no será resultado del servicio en sí, sino cómo percibe la gente el servicio que brindas, inclusive una imagen poco adecuada impedirá en alguna ocasión que puedas mostrar tu desempeño profesional ante el temor de las personas acerca de qué servicio puedes brindar.

Por esta razón es conveniente que como profesional inmobiliario tengas un manual de identidad gráfica, para entender y proyectar tu propósito y conocer la visión, misión, valores, historia, leyenda, nombre, diseño, logotipo, colores, tipografía y firma del negocio inmobiliario y el profesional, así el registro de marca es indispensable, pero insuficiente para desempeñar adecuadamente la profesión inmobiliaria.

Así que es importante que generes una imagen profesional adecuada para que te puedan buscar y recomendar por lo que estas ofreciendo y mostrar a tus diferentes públicos lo que haces y que lo haces muy bien desde el primer impacto perceptivo de las personas.

Recuerda acompañar esta buena imagen de una adecuada percepción de ti mismo para generar una excelente imagen exterior, esto aunque es una cuestión personal te ayudará a generar una buena imagen exterior y siempre es útil para generar confianza y buena imagen, trabajar de adentro hacia afuera, tener disposición a asumir y superar retos, capacitarte, asumirte como profesional exitoso y salir a la calle a decirlo y demostrarlo.

Por otra parte, 35% de lo que nosotros decimos es mediante el estímulo verbal y el otro 65% se da en cómo lo estamos diciendo, así que no basta con decirlo hay que demostrarlo y para demostrarlo no basta con perfeccionar la postura física, brindarle aditamentos o vestimenta personal, sino que también hay que complementarlo con el lenguaje corporal correcto, no vas a dar un mensaje entusiasta cuando la circunstancia no sea la idónea, tampoco vas a tener un lenguaje tranquilizador en medio de un evento efusivo, pero en la medida que vayas resaltando estas diferencias lograrás una mejor imagen.

También puedes darle contenido valioso a tus diferentes públicos, información de interés y que puedan valorar lo que estás diciendo, es decir, que haya calidad en tu discurso, cuando tienes una gestión inteligente de tu discurso la comunicación será de calidad y más personas buscarán que seas su referente profesional en temas inmobiliarios.

Para generar un discurso de calidad y conquistar a tus distintos públicos puedes contar historias, al encontrar el contenido correcto, el estilo adecuado de lo que está diciendo y buscando la oportunidad para decirlo en el momento adecuado, para lograr interesar en lo que vas a decir, cómo lo vas a decir y buscar el momento oportuno, el lugar correcto y tomar en cuenta al destinatario y si vale la pena decirlo.

Imagen del líder

Como ya hemos comentado la imagen ayuda a resaltar qué tan bueno eres, pero para ser un verdadero profesional inmobiliario se requiere de ciertos conocimientos especializados y esta especialidad ayuda a crear una figura de liderazgo sobre el nicho de mercado.

También, esta imagen se alimenta con el control sobre el trabajo que realizas a manera de autorregulación sobre cómo vas a conducirte como profesional inmobiliario bajo elevadas normas éticas que rigen la conducta humana del bien ser, del bien hacer y del bienestar; así como también de cumplimiento, que se rige sobre las obligaciones jurídicas relacionadas con tu desempeño profesional.

Otro de los aspectos que requiere esta profesión es tener voluntad de servicio, que va a ayudar a entender a los clientes y darles una verdadera asesoría y no solamente cumplir un rol de vendedores inmisericordes.

La construcción de la imagen profesional también contribuye a que puedas ser el líder en la especialidad, nicho de mercado o campo que decidiste aprovechar de los negocios inmobiliarios.

Construir tu imagen de líder

Para comenzar con la construcción de la imagen de líder sobre el nicho de mercado que quieres dominar, puedes empezar por definir ¿qué es para ti una imagen profesional?, ¿qué significa para ti ser un profesional inmobiliario?, en segundo lugar, puedes responder a la pregunta ¿qué significa para ti ser un líder? Y en un tercer momento, escribe el nombre de al menos 5 líderes que tú alcanzas a percibir sobre el medio o sobre cualquier otro tema que te gustaría anotar debido a su imagen positiva en tu percepción, por ejemplo, asesores inmobiliarios que tienen cierto reconocimiento o liderazgo en tu ciudad o país y de los líderes que también están en tu casa.

Ahora escribe el nombre de una marca líder, cómo la visualizas y porque consideras que es una marca líder, ¿qué tanto te gustaría tener o crear una marca líder?, ¿por qué piensas que puedes tener o crear una marca líder?

A veces las marcas generan percepciones, emociones y sensaciones, no solamente hablamos de imágenes agradables, muchas ocasiones vemos imágenes poco agradables a la vista pero que reflejan un mensaje que nos conecta y también hay imágenes muy bonitas que no nos transmiten absolutamente nada, esto se debe a que ocurren dentro de un contexto, donde no todo es diseño o colores, por tal motivo es relevante la identidad gráfica y más necesario cuando quieres ser líder dentro de la industria. Al respecto conviene también que te prepares en aspectos básicos de neuromarketing, comprenderás que el cerebro reptiliano es quien toma las decisiones y es el más primitivo, así que busca la sencillez para que ese cerebro te compre como líder.

Capítulo 8. "Confianza y garantía de lo que ofreces"

Séptima Ley: *"Para dominar su nicho de mercado, el Profesional Inmobiliario debe desarrollar un protocolo para generar confianza y establecer garantías sobre sus servicios a partir de una correcta identificación y construcción de su cliente ideal e implementar un método de mejora continua".*

Mi cliente ideal

Es fundamental definir el cliente ideal para ti y tu negocio, con el que te gustaría trabajar, de ser posible escribe o dibuja a tu cliente idóneo, de acuerdo con su edad, sexo, estado civil, situación económica, número de hijos, profesión, ocupación, preferencias de ubicación, y toda la información que te gustaría dotarle al avatar de tu cliente ideal.

Cuando tengas el avatar del cliente ideal es posible que puedas construir más acciones para encontrarlo, abordarlo, escribirle un anuncio, ofrecerle alguna promoción, platicar con tu cliente, entender mejor qué es lo que pasa con tu cliente, cuáles son sus necesidades, angustias, temores y deseos, trabajar con sus posibles objeciones, etcétera, evitando con esto el error de querer venderle todo a todos los clientes obteniendo como resultarlo vender nada a nadie.

Los clientes expresan sus problemas o angustias a través de sus deseos y las personas necesitamos soluciones a esos problemas, entonces, los servicios que ofreces son relacionados con la solución a tales angustias o determinados problemas representados en deseos que requieren ser satisfechos con una solución única, creativa, innovadora o que está por encima de las demás soluciones existentes en el mercado.

La fórmula del avatar es sencilla porque identificas tu cliente, sus problemas expresados como necesidades o deseos y construyes la solución que prometes será una experiencia inolvidable.

Generación de confianza y garantía

Las personas perciben la realidad de acuerdo con lo que su inconsciente les dicta; los visuales, auditivos o kinestésicos establecen lazos de confianza muy estrechos con las personas que perciben el mundo igual que ellos, esta aportación de la neurociencia establece que no solamente se trata de un mayor nivel de confianza entre semejantes en cuanto a la forma de vestir o estatus, sino que es más poderosa la relación que se logra entre los iguales en cuanto perciben el mundo de manera visual, auditiva o sensorial.

Las personas visuales generan confianza con quienes ven el mundo, las sensoriales con quienes sienten el mundo y las auditivas con las que lo escuchan. De tal manera que para tu cliente no sólo es importante lo mucho que sabes u ofreces, sino también que les hagas sentir, ver u oír lo mucho que ellos te importan.

Desde luego, la confianza pasa por un proceso en el que se van obteniendo ciertos logros para llegar a ese momento de cercanía en donde atributos especiales como experiencia, conocimiento previo y destrezas especiales, son visibles a través de la imagen profesional, o bien, la experiencia previa personal o por vía de una recomendación personal.

Otro de los medios para generar confianza tiene que ver con el ofrecimiento de garantías sobre lo que brindas o haces, este es un método aceptado y muy utilizado sobre todo de manera más reciente a partir de que comenzaron a extenderse las compras a sistemas no convencionales como el Internet, en donde se genera poca confianza para realizar una compra por el simple hecho de ver la oferta en la web.

La garantía no es otra cosa que ofrecer cumplir con lo ofrecido dentro de un tiempo, con la calidad o de la manera en la cual construiste tu propuesta única de ventas, en caso de incumplimiento, los clientes pueden hacer válida la garantía ofrecida, la cual puede consistir en la devolución de la cantidad pagada, la terminación de un compromiso o bien ofrecer un extra, acompañado de una disculpa sobre el incumplimiento, que se traduce en reconocer la situación, comprender los problemas o inconvenientes ocasionados, comprometerse en mejorar la situación en lo futuro y acompañar la disculpa del tono y expresión corporal adecuado.

Al respecto conviene consultar en el caso de México, la Ley Federal de Protección al Consumidor, el Reglamento de esta Ley y el acuerdo por el que se da a conocer el contrato de prestación de servicios de intermediación inmobiliaria de la Procuraduría Federal del Consumidor, que tuvo su modificación más reciente en el año 2010, debido a que es un requisito realizar un registro del contrato; en éste es común apreciar que se ofrece no una, sino diversas garantías sobre los servicios que ofreces, lo único por hacer es agregar esta garantía de manera creativa a tu propuesta única de ventas.

Mejora continua

Los profesionales inmobiliarios implementan acciones para evaluar sus resultados, revisar la implementación de los procedimientos por parte de los responsables, identificar las fallas en la ejecución de éstos y reconocer las oportunidades para mejorar continuamente en su negocio inmobiliario.

En todo negocio inmobiliario los procedimientos son conocidos y construidos por todos los responsables de su implementación, documentados en la medida en que cualquier persona que se integre pueda ejecutarlos, comunicado a todas las personas que participan en tu negocio y medido en ciertos tiempos y resultados esperados en donde se asegura el éxito de los procedimientos y de tu negocio.

En las reuniones para la mejora continua puedes preguntar ¿quién es responsable, de hacer qué y para cuándo?, así lograrás apoyar tus decisiones basándote en un sistema de métricas para saber si están avanzando con ese objetivo y evaluar todas las semanas qué avances tienes para contar con un reporte que indique si vas en camino, o si vas arriba o abajo de lo esperado, así tienes un estimado semanal de todo lo que vas a hacer.

Capítulo 9. "Generar visitantes calificados y crear un embudo de marketing"

Octava Ley: *"Todo Profesional Inmobiliario debe establecer un embudo de marketing por Internet, el cual se alimente constantemente de visitantes calificados a través de diversas fuentes de tráfico en Internet, referencias personales y posicionamiento".*

Embudo de Marketing

Hay cuatro temas principales para ti como profesional inmobiliario que son: cómo conseguir más prospectos, cómo lograr más clientes, cómo tener más ventas, cómo obtener más ingresos y cómo ocupar menos tiempo para tu negocio y dedicar más tiempo a tu familia.

La realidad es que con el avance en el uso del Internet, hay muchos posibles clientes que podían estar intentando resolver algunas de las necesidades, inquietudes y deseos relacionados con los servicios o bienes que ofreces como profesional inmobiliario, así que la idea es conseguir que estas personas que están navegando en Internet se vuelvan tus prospectos, que a su vez se conviertan en clientes, y que cada vez te compren más o abran la posibilidad a nuevas ventas y debido a un método efectivo todo este trabajo te ocupare menos tiempo.

Por lo que tal como lo hace un embudo, debes fijarte la idea clara para lograr que todos aquellos potenciales clientes caigan dentro de tu repositorio final que se llama prosperidad, abundancia y felicidad en los negocios inmobiliarios, que es la razón de ser de las 12 leyes del marketing inmobiliario.

Pero para entender este embudo, te explicaremos qué es el tráfico en Internet, las distintas fuentes de tráfico en Internet, los tipos de tráfico y como lograr que cada vez sea más calificado este tráfico.

Tráfico en Internet

De acuerdo con el 12º Estudio sobre los Hábitos de los Usuarios de Internet en México 2016, publicado por la Asociación Mexicana de Internet, A.C. (AMIPCI) casi el 60% de los pobladores en México (60 millones) acceden a Internet, diariamente se conectan en promedio 7 horas con 14 minutos, a través de laptops, teléfonos celulares inteligentes y no inteligentes, computadoras, ipads, tabletas y cualquier otro medio posible.

Los internautas se conectan por diversos motivos como son para acceder a redes sociales, buscar información, consultar su correo electrónico, leer blogs, enterarse de las últimas noticias, ver películas o series, hacer operaciones bancarias, realizar compras o para capacitarse, todos ellos puedes llevarlos a la parte superior de tu embudo y para ello debes invertir para que te encuentren o dejar que ellos te encuentren a ti, a esto se le puede llamar tráfico de pago al primero y tráfico "gratuito" al segundo.

El tráfico de pago es mucho más efectivo, porque logra atraer público más cualificado y te permite diseñar una estrategia de resultados inmediatos y medibles para potenciar tu negocio inmobiliario.

El tráfico "gratuito" es más lento, no siempre atrae el público es el más cualificado y aunque puede medirse, no es de resultados inmediatos y tangibles, sin embargo, como aspecto positivo de este tráfico adquieres una mayor autoridad en el medio, te posiciona en tu nicho y logras obtener clientes sin haber invertido dinero, pero al final inviertes algo muy valioso que se llama tiempo y esfuerzo, por lo que nosotros nos resistimos a llamarlo tráfico gratuito.

Tanto el tráfico de pago, como el gratuito pueden provenir de distintas fuentes como anuncios en redes sociales, resultados de búsquedas, correos electrónicos, páginas de noticias, instituciones bancarias, entre muchas redes de display disponibles, así como referencias profesionales, de servicios y recomendaciones fuera del Internet que permiten o fomentan que te contacten o se conecten contigo por lo que existen muchas fuentes de tráfico a tu alcance, ya sea que escribas artículos en las redes sociales, en un blog, que te anuncies en portales inmobiliarios especializados o en portales de anuncios, que tengas presencia profesional en un medio o que te registres en directorios empresariales, todas esas son fuentes potenciales de tráfico, por lo que conviene que tengas una estrategia efectiva en tu plan de marketing acerca de qué esfuerzos debes hacer para promocionarte o simplemente dejar que tus clientes lleguen a ti o a la parte superior de tu embudo de marketing.

En los negocios inmobiliarios que se basan en el uso del Internet hay que tener dos factores que son claves: el primero de ellos es el tráfico y el segundo el producto. El tráfico se refiere a los visitantes que tienes y el segundo se refiere a la calidad de los productos que tienes, hay una fórmula ideal a conseguir siempre en tu negocio inmobiliario:

Buen tráfico + Buen producto + Buen seguimiento + Buen cierre + Acción Inmediata = Prosperidad y Abundancia.

Si falta algún elemento a esta fórmula, tu negocio inmobiliario puede fracasar en menos de lo que esperas.

Imagina que tienes tráfico, pero no tienes un buen producto, tus curiosos, interesados, prospectos o clientes se irán de tu sitio o embudo sin volver a querer saber de ti, por lo que no vas a tener operaciones importantes, por otra parte, si tu sitio de Internet no tiene tráfico, es como poner un negocio en una vía poco transitada o inaccesible para tus clientes.

De esta fórmula que acabas de leer, será importante conocer ¿qué es Acción Inmediata? Y Acción Inmediata es implementar de inmediato todo lo nuevo que vayas aprendiendo, porque de nada sirve que leas, te capacites y aprendas más si nada de ese conocimiento valioso lo pones en práctica.

Fuentes de tráfico

En tu estrategia de Internet bien puedes hacer el ejercicio para distinguir tus fuentes de tráfico en línea de aquellas que no están en línea, si tu embudo de marketing comienza en tu sitio de Internet atrapando a tus curiosos y prospectos, es posible que puedas optimizar tus esfuerzos en ese objetivo principal, si tu embudo comienza en redes sociales también lo puedes hacer y si tu embudo es tan grande y perfeccionado que puede comenzar en diversos puntos, tienes más posibilidades de atraer a tus clientes y lograr más ventas o exclusivas inmobiliarias.

Fuera de línea puedes esforzarte por los medios impresos de alcance local, los folletos, periódicos, revistas, flyers, etc. En el libro *"Publicidad Con Razones"* escrito el siglo pasado por John E. Kennedy (1864-1928), se muestra un claro ejemplo de la necesidad de buscar el medio adecuado para transmitir un mensaje, en este caso un anuncio publicitario, el cual tiene sentido cuando se busca publicar un anuncio de pianos en un diario de circulación nacional de gran alcance, respecto de publicar ese mismo anuncio en una revista especializada de pianistas y pianos con menor alcance, pero con una audiencia que definitivamente sería más propensa a buscar comprar un piano.

Kennedy afirma: *"Lo que usted necesita no es mayor cantidad de Lectores, sino determinada Clase de Lectores. Aquella clase muy limitada es a la que usted debe convencer, cuando consiga su atención, o perderá todo el beneficio de su anuncio del Piano."*

Así, al identificar bien los medios impresos se pude comenzar con una efectiva estrategia de generación de tráfico en Internet desde fuera del Internet, también pueden crearse poderosos llamados a la acción, bonos, regalos, descuentos, premios, promociones y más beneficios fuera de línea para atraer a clientes calificados, quienes buscaran el beneficio a cambio de adquirir o contratar los servicios.

Las referencias personales o recomendaciones también pueden funcionar de manera efectiva a través de una llamada telefónica, un correo electrónico, una cita o bien una visita al sitio de Internet, lo importante es que como profesional inmobiliario puedas construir ese embudo de marketing en Internet.

Redes sociales

La revolución de las redes sociales ha marcado un hito en la historia de los negocios inmobiliarios. Ahora es posible aprovechar Facebook®, Twitter® o YouTube® para hacer negocios y con excelentes resultados, pero esto depende de la manera en que podamos utilizar las redes sociales a nuestro favor. En principio utilizar las redes sociales para intentar vender sin estrategia, es como querer acudir a un coctel o una fiesta para sacar un catálogo en donde poder mostrar tus inmuebles y esperar a hacerlo a la mitad de la convivencia.

En las redes sociales se entretejen relaciones humanas, se cuentan historias, se genera confianza y se comparten contenidos de valor, las ventas son un proceso natural, pero es preciso recordar que no todo mundo entra a Facebook a comprar o rentar un inmueble; sin embargo, hay datos importantes que te conviene saber al momento de elaborar tu estrategia en redes sociales, por ejemplo, cuando una pareja va a adquirir una casa, le lleva entre uno a cuatro años hablar sobre la compra de esa casa, según información compartida por Carlos Muñoz en el vídeo http://vimeo.com/86336485 "Mejores prácticas de marketing inmobiliario".

Según Carlos Muñoz, *"...este hallazgo es importante porque nosotros suponemos que llegan con nosotros frescos, recién con la idea de comprar un casa o de invertir, pero resulta que tienen años de hablar esto previamente en el hogar..."*, entonces, si tu estrategia en redes sociales se basa en brindar contenido de valor durante esos años, en lograr esa relación social, que te reconozcan como persona de autoridad en el ramo inmobiliario por la información que compartes, entonces, eres un buen referente a quien los prospectos les interesa buscarte.

Este marketing basado en la educación permite que tus clientes establezcan previamente una relación de confianza basada en la credibilidad de tu autoridad y no es solamente obtener muchos me gusta, muchas veces compartido o cientos de comentarios en Facebook, sino saber que lo que haces y sabes, lo compartes con el ánimo de que tus posibles clientes conozcan más y aprendan dentro de ese diálogo previo a tomar la decisión de invertir.

Facebook

Como podrás darte cuenta el primer punto de tu estrategia en redes sociales y en particular en Facebook, es lograr convertirte en la autoridad sobre el nicho de mercado que elegiste y esto se logra compartiendo contenido de valor.

El segundo punto de la estrategia es lograr una buena posición en las News Feed de Facebook, que es como el algoritmo en el que Facebook ofrece a sus internautas las actualizaciones de estado de los "amigos" o las "páginas" de interés del usuario. Este algoritmo toma en cuenta el antiguo Edge Rank Facebook, en el que básicamente tus estados adquirían relevancia en tanto cumplían con 3 factores, a) Relevancia de tus publicaciones que indica el interés de tus seguidores en ellas, es decir, Me Gusta, Comentarios o Compartidos; b) Afinidad de los fans de tu página de acuerdo con sus intereses y c) Tiempo que transcurre entre una publicación y el tiempo en que tus fans o amigos ven tus actualizaciones de estado en su página de perfil.

Aunque Facebook no reconoce abiertamente que el News Feed sea un algoritmo, se limita a señalar que el cambio en el News Feed incluye imágenes más grandes y una nueva fuente, sin embargo, sea cual sea el cambio de algoritmo de Facebook o las nuevas reglas, siempre es importante lograr "socializar", cumpliendo con obtener al menos los 3 factores del Edge Rank y esto se consigue haciendo al menos lo siguiente:

1. Crea tu página de tu negocio inmobiliario en Facebook;
2. Completa toda la información importante de tu página;
3. Agrega imágenes de calidad a la portada y tu perfil, encontrarás diseños de portadas de Facebook personalizadas a muy bajo costo en http://es.fiverr.com;
4. Automatiza tus publicaciones por medio de http://hootsuite.com/
5. Comparte contenido de valor;
6. Únete a grupos locales de ventas de bienes o servicios, grupos de profesionales inmobiliarios y de inversionistas en bienes raíces;
7. Comparte lo que haces, mientras más imágenes y vídeos compartas, te irá mucho mejor;
8. Comparte las oportunidades inmobiliarias;
9. Elabora una o varias *"landing page"* o páginas de aterrizaje o captura en tu sitio web inmobiliario con orientación especial para Facebook;
10. Crea públicos de acuerdo con tu "cliente ideal";
11. Distingue tus objetivos para anunciarte, ahora Facebook señala cuáles son los clics por los que deberás pagar y básicamente son: a) para ir o visitar otro sitio web, para instalar una aplicación, aplicaciones en página principal de Facebook y para ver un video en otro sitio web http://es-la.facebook.com/business/news/LA-Actualizamos-la-definicin-del-costo-por-clic-en-Facebook;
12. Promueve tu página de Facebook o Web por medio de anuncios;
13. Promueve tus publicaciones o vídeos por medio de anuncios;
14. Realiza "retargeting" de tus anuncios;
15. Crea pixeles de conversión de tus anuncios para saber cuándo logras con éxito una conversión que puede ser obtener un mail o teléfono de contacto;
16. Evalúa tus resultados.

Twitter

En esta red social tienes 160 caracteres para compartir contenido, información, vender y socializar, o mejor dicho "twitear", hay más de 10 millones de usuarios en México en el 2015 y 163.5 millones de usuarios móviles en el mundo, se producen 500 millones de tweets diarios y generalmente debes seguir una estrategia, con al menos lo siguiente:

1. Crear cuenta

2. Portada profesional
3. Seguir personas
4. Busca intereses de esas personas
5. Crea 3 o 4 hashtags
6. Publica contenido 160 caracteres incluye siempre una imagen, vídeo o link a tu página
7. Automatiza con Hootsuite
8. Recibe seguidores
9. Saluda a tus seguidores
10. Promueve que también los sigan
11. Hay etiquetas o hashtags que se refieren a seguir a tus seguidores como #FF o #followfriday, sino es viernes utiliza #favefollow
12. Después del # (etiqueta creada por usuarios de Twitter) pon la palabra clave sin espacio (3 o 4 hashtags de tu interés)

¿Cuáles son los objetivos más comunes en una estrategia de Twitter?

a) Generar presencia de marca o de nombre
b) Generar más tráfico
c) Generar prospectos
d) Conectar con tu audiencia
e) Atención a clientes

¿Qué debes medir en tu estrategia?

I. Actividad social, como Retuits, Favoritos, Twitt Citados, seguidores, etc.
II. Número de seguidores.
III. Importancia de tu contenido compartido.
IV. Tiempo que transcurre entre una y otra publicación.
V. Impactos positivos o negativos de tu marca o imagen.

¿Cómo medir mi estrategia?

Hay varias páginas para medir tus objetivos en Twitter, como son: http://twittercounter.com, http://edgerankchecker.com, http://www.unifiedsocial.com, http://alerti.com, http://hootsuite.com, o http://twoolr.com, es posible que cuando leas este libro alguna página haya cambiado, sin embargo, es importante que conozcas la esencia de la acción que es medir tu estrategia en Twitter.

Para medir los hábitos de tus *"Followers"* o seguidores, utiliza la página http://www.tweriod.com para saber por ejemplo: ¿A qué hora son más activos?, ¿cuándo retwitean?, ¿cuáles son sus intereses?, ¿a quienes siguen?, etc. También busca saber ¿qué dicen de ti?

YouTube

YouTube es el tercer mejor sitio en la red después de Google y Facebook, tiene más de mil millones de usuarios únicos cada mes, más de 6 millones de horas de vídeo son vistos cada mes en YouTube, que es casi una hora para cada persona en la Tierra y esta cifra es el 50% más que el año pasado. 70 % del tráfico de YouTube proviene de fuera de los EE.UU. YouTube llega a más adultos mayores de Estados Unidos de 18-34 años que cualquier red de televisión por cable. Más de 700 vídeos de YouTube se comparten en Twitter cada minuto.

En YouTube es conveniente seguir una estrategia clara para posicionar tu marca, posicionarte como una persona de autoridad en el tema y para lograr más clientes. Muchos objetivos que quizás no planees podrán ser obtenidos cuando tienes una buena estrategia de vídeo marketing.

Ahora, el principal problema es ¿cómo hacer vídeos? Para esto tienes al menos, 4 opciones: a) Imágenes y presentaciones, b) Grabar vídeos de propiedades, c) Grabarte a ti mismo o d) Una combinación de todos. Para esto debes elaborar un guion del vídeo, contar una historia, sí te vas a grabar, mientras más natural mejor, toma en cuenta que un vídeo depende mucho de imagen y audio, pero principalmente, de contenido. No olvides llamar a la acción, suscribirse al canal, me gusta, compartir, contactar, visitar página, etc.

Otro problema es ¿cómo encontrar contenido para los vídeos? Pero puedes encontrar contenido en Internet en blogs, portales inmobiliarios y libros digitales, así como en páginas como: http://www.articulo.org/, http://www.articuloz.com, http://ezinearticles.com, http://www.metroscubicos.com, http://www.leetu.com, http://www.inmuebles24.com, etc.

Si te da miedo, te parece complicado o no tienes tiempo para hacer un vídeo puedes contratar a alguien que te apoye en: http://es.fiverr.com (Desde 5 dólares), http://www.geniuzz.com, http://fiver.es, o http://www.freelancer.com.es.

Hacer una estrategia de marketing basada en vídeos en YouTube es una buena forma de obtener clientes calificados y casi en modo de compra de tus servicios, así que no solamente podrás atraer clientes a través de tus vídeos en YouTube, de tal manera que conozcan tus servicios, te erijas como una autoridad en la materia, sino que también lograrás promover tu inventario. Seguramente que se te han ocurrido en este momento más utilidades de los vídeos, te invitamos a que las desarrolles.

¿Cuál debe ser mi estrategia en YouTube?

1. Crea tu canal de YouTube
2. Se requiere una cuenta de Gmail
3. Crea el nombre de tu canal, una cuenta inicial adecuada sería: http://www.youtube.com/12345657890
4. Configúralo
5. Crea el diseño profesional del canal
6. El ícono debe ser el logo de tu negocio
7. El arte del canal debe medir 2560px X 1440px
8. La descripción del canal debe contener tu negocio y al menos una palabra clave de cola larga
9. El enlace del canal debe ser a tu página web
10. Los enlaces sociales a tu página de Facebook, Twitter, etc.
11. No te olvides de personalizar la URL de tu canal en opciones avanzadas.

Normalmente todos empiezan por subir el primer vídeo que tienen a la mano, pero considera que lo ideal es buscar primero la palabra clave de interés, recuerda que es el segundo buscador más importante tan sólo detrás de Google y por encima de Bing y Yahoo. Ahora sí, ya sabes qué debe contener tu vídeo.

Por salud, por posicionamiento y principalmente por respeto a la ley, no copies vídeos de otros, sino quieres que haya publicidad, no pongas audio con derechos reservados, evita poner la canción de moda o la que te gusta, mejor adquiere música con derechos, como Audio Jungle en donde encontrarás audios muy profesionales, innovadores y con derechos para utilizarlos en tus vídeos.

Algo que casi todo profesional inmobiliario pasa por alto es la optimización de tus vídeos para la búsqueda, por ello es importante seguir estas sencillas indicaciones:

a) Utiliza la palabra clave en el título;

b) Invita en el título a ver el vídeo; por ejemplo: Departamento en Venta en Mérida como lo imaginaste!
c) No utilices más de 1 palabra clave en el título;
d) La palabra clave debe ir primero en el título;
e) El título debe ser indicativo de lo que van a encontrar en el vídeo;
f) Palabras/frases clave muchas búsquedas + poca competencia = tráfico gratis;
g) Palabras clave de frase larga o cola larga = menos competencia y más precisión;
h) Utiliza las palabras clave en Títulos, Etiquetas y Descripciones

Las palabras clave son aquellas que normalmente las personas teclean al hacer sus búsquedas, por lo que las predictivas también ofrece ideas de palabras clave de interés, así como la herramienta de palabras clave de YouTube o Adwords, Google Trends nos dice la evolución de las búsquedas y términos relacionados y http://alexa.com, nos da una serie de sitios y palabras clave, no olvides consultar http://ubersuggest.org cuando estás en ese proceso de buscar diversas opciones de palabras clave.

La descripción del vídeo debe ser algo así: Palabra clave, dominio a dónde se desea dirigir, antecedido de http:// y posteriormente una breve descripción que siempre debe ir después del nombre de tu dominio.

Las etiquetas de los vídeos deben ser pocas de preferencia más relacionadas entre sí y relacionadas con el contenido del vídeo, 3 a 5 palabras clave es más que suficiente. No se deben utilizar palabras clave que no tengan relación con la palabra clave principal del título del vídeo.

Mientras más extenso sea tu vídeo, mejor posicionamiento tendrá, si tu canal tiene muchas reproducciones y permanecen mucho tiempo, será mejor tu posicionamiento en YouTube.

Comienza a hacer vídeos con duración entre 1 a 5 minutos que sean fuertemente atractivos, si vas a hablar cuida tu entonación ya que si te escuchas aburrido, triste o desinteresado, tendrás menos posibilidades de que se vea el vídeo completo.

Recuerda que tu vídeo debe contener: a) Saludo, b) Promesa (que hay aquí que te va a interesar, atraer o gustar), c) Contenido (Mi historia: problema, solución y ventajas), d) ¿Te gustó la información que acabo de compartir contigo?, e) Llamado a la acción visita el dominio, f) Llamado a la acción suscríbete al canal, g) Llamado a la acción me gusta y comentarios, h) Despedida, y i) Posdata 1 Nota Importante.

Cuida la imagen y audio del vídeo y que sea lo más agradable posible al internauta. En YouTube las intro son breves no más de 3 segundos y los 10 primeros segundos definen si la persona verá o no el vídeo.

Mientras más opiniones favorables (me gusta), más favoritos, más comentarios y más veces sea compartido, mayor relevancia tendrá, tu canal también será importante mientras más suscriptores tenga. Estas acciones sociales favorecen el posicionamiento de tus vídeos.

Hacer Ping y RSS del vídeo

Otra parte importante es hacer enlaces RSS a tus vídeos, sustituye el nombre de tu vídeo, canal y título del siguiente enlace:

http://gdata.youtube.com/feeds/api/users/NOMBREURLCANAL/uploads?orderby=updated&vq=TÍTULO DEL VÍDEO

Para lograr mejores resultados con tus vídeos copia el link de tu vídeo y visita los siguientes sitios: http://tools.950buy.com/rss-submit/, http://www.totalping.com/, http://pingomatic.com/, es importante hace ping de nuestros vídeos para que los vean más personas.

Capítulo 10. "Atención y seguimiento a clientes"

Novena Ley: *"La atención y seguimiento a clientes deberá ser una prioridad de todo Profesional Inmobiliario".*

Atención al cliente

En el momento en que los interesados llegan a tu embudo de marketing es indispensable que tengas todo preparado para darle la atención y seguimiento necesario. Debido a que es posible que tengas clientes diversos, te recomendamos utilices un sistema de CRM *(Customer Relationship Manager)* que son una buena herramienta para la atención y el seguimiento de tus potenciales clientes y de tus colaboradores.

En los países de habla hispana puedes encontrar diversos servicios de CRM, como http://www.crminmobiliario.com/, http://www.nocnok.com/, http://wasi.co/, http://www.noteges.com/, https://www.easybroker.com/es, http://sumaprop.com/, http://www.egorealestate.com.mx/SoftwareInmobiliario y un largo etcétera.

Por otra parte, trata de recordar que en los negocios inmobiliarios el objetivo es construir relaciones de ganar, ganar, ganar, ganar entre los diversos actores, así que procura atender de la manera más adecuada a tus clientes, principalmente escúchalos, da pie a que te expongan sus necesidades, deseos, anhelos y sueños, ellos (tus clientes) tienen una historia que contar, procura escucharlos y alinearte con sus objetivos.

A nadie, le conviene tener personas que no hayan sido orientadas adecuadamente y que vivan infelices en sus hogares, hay vendedores sin escrúpulos que antes de escuchar a sus clientes ya están intentando cerrar la venta.

Además del principio básico de saber escuchar, es necesario tener el principio de saber revisar, con el que podrás prever los documentos que debes solicitar y tener tanto de los inmuebles como de las personas a participar en la operación. Cuando tengas en la mano los documentos, léelos y vuélvelos a leer, revísalos y vuélvelos a revisar, haz un listado de puntos a revisar de cada documento y revisa que están bien, si lo haces bajo un método, ahorrarás tiempo, dinero y esfuerzo, además de que irás construyendo una excelente reputación.

Seguimiento de clientes

Los profesionales inmobiliarios han ido perfeccionado el seguimiento a sus clientes, puesto que desde que reciben el primer contacto, registran su información completa, establecen una fecha precisa de compromiso de llamada, cita o compromiso y principalmente, escuchan a su cliente para conocer sus necesidades, deseos, sueños y anhelos respecto del motivo que los hace acudir a ellos.

De esta manera, tienes forma de seguir a tus clientes a partir de compromisos previos que te permiten saber, por ejemplo, cuándo debes llamar, el motivo y el sentido de la llamada.

Podría decirse que el 80% de la venta está en el seguimiento a los clientes, antes, durante y después de la venta.

Satisfacción del cliente

Hace unos días, pudimos poner a prueba una encuesta de satisfacción al cliente, a través de https://es.surveymonkey.com/ que tiene mucha experiencia en este tipo de cuestionarios, ya tiene preguntas previamente elaboradas por expertos y hay versiones gratuitas y de pago. Valdría la pena que pudieras implementar una encuesta sobre este aspecto, además ya tiene preguntas prediseñadas que puedes valorar si te son de utilidad.

Capítulo 11. "Promoción y negociación inmobiliaria"

Décima Ley: *"La promoción inmobiliaria debe ser esencial dentro de cualquier negocio inmobiliario y el profesional inmobiliario debe ser un experto en la negociación inmobiliaria".*

Promoción inmobiliaria

Hay diversas formas de promover tu negocio, tu persona, tus inmuebles, tus servicios, si te preguntas cuál es más importante, la respuesta es sencilla: todas.

Procura volverte líder en tu nicho de mercado, por lo que sabes hacer, por la forma en que das a conocer lo que sabes hacer, por la manera en que haces promoción a tus captaciones o permites que los demás sepan sobre tus servicios.

Para hacer promoción hay diversos medios, como redes sociales, portales inmobiliarios, blogs, revistas, periódicos, flyers, sitios web, anuncios, publicidad de pago, periódicos, lonas, ferias, exposiciones, conferencias, etc. El mejor secreto es que seas consistente y no intentes hacer publicidad sin un llamado a la acción.

Negociación inmobiliaria

Parte importante de los negocios relacionados con los bienes raíces y al parecer con la mayoría de las cosas en la vida tienen que ver con la negociación, todo el tiempo llevamos a cabo negociaciones, sobre diversas cosas que pasan en nuestra vida.

Recuerda que no siempre debes buscar que otra parte pierda dentro de una negociación y el secreto de tu éxito está en lograr que todos tengan ese pequeño resquicio de sentimiento en el que ganaron algo.

Procura aprender técnicas de negociación inmobiliaria, conocer previamente las aspiraciones, sueños, metas, preocupaciones y necesidades de las partes involucradas te ayudará a hacer más fácil este proceso, practica diversas soluciones para lograr una negociación exitosa.

Capítulo 12. "Captación de inmuebles vendibles y rentables"

Décima Primera Ley: *"Es obligación del Profesional Inmobiliario conocer que la sangre de todo negocio inmobiliario está en la captación de inmuebles vendibles y rentables".*

Captación Inmobiliaria

¿Cómo puedes obtener exclusivas inmobiliarias? Aunque la pregunta parece sencilla implica varios aspectos a considerar:

1) ¿Tengo algún método para obtener exclusivas?

2) ¿Cuento con formatos o listas de chequeo para sistematizar la captura de información de una captación?

3) ¿Qué documentos debo revisar y con cuáles me autorizan para obtener en exclusiva una propiedad?

4) ¿Cuánto tiempo debe durar la exclusiva?

5) ¿Explico en qué consiste la exclusiva?

6) ¿He preparado mis mejores argumentos para las objeciones más terribles?

7) ¿Qué diferencia hacen las ventajas y beneficios que ofrezco respecto de los demás?

8) ¿Está dentro de mi nicho de mercado?

9) ¿Cuáles son los valores en el mercado para inmuebles con similar ubicación, características y condición?

10) ¿Cuál va a ser mi estrategia para promover esta nueva captación?

11) ¿Cómo debo hacer mis reportes de trabajo a los propietarios?

12) En mi oficina y red de negocios ¿cómo va a ser la estrategia para que los demás asesores conozcan esta nueva captación?

13) ¿Qué otra información es importante saber, como horarios y días ideales para agendar citas, qué otras observaciones tengo?

14) ¿Es necesario que se hagan reparaciones al inmueble, de qué tipo y aproximadamente qué costo tiene hacerlas?

15) ¿Ofrece alguna ventaja tener un horario especial para que los prospectos visiten el inmueble, como una vista espectacular al atardecer, el oleaje provocado por la marea, etc.?

16) De acuerdo con mi sistema o método ¿Qué otro aspecto debo conocer sobre el inmueble, la zona o colonia, los propietarios, el valor, el precio, etc.?

17) ¿Dónde encuentro esas exclusivas?

Aunque no hay una sola forma de obtenerlas y siempre debes crear tu propio método o sistema para obtener exclusivas, considera siempre la posibilidad de obtenerlas mediante recomendaciones, trazando tus colonias y haciendo recorridos a pie o en carro, llamando o visitando los inmuebles que tienen una lona, tomado el teléfono de los anuncios clasificados, llamando a tus antiguos clientes, repartiendo tu tarjeta de presentación a todas aquellas personas a quienes puedes contactar, haciendo anuncios en Internet de pago y gratuitos, preparando tu página para que corra una presentación o vídeo con un llamado a la acción para obtener el correo electrónico o teléfono de los posibles interesados en vender su inmueble, etc.

Antes de captar practica las respuestas a algunas posibles preguntas para lograr más fácil la captación, cómo por ejemplo, ¿Por qué debo confiarte mi propiedad en exclusiva?, ¿Hay otras personas que me puedan ayudar a vender o rentar mi propiedad?, ¿Tienes experiencia para confiarte mi propiedad?, ¿Parece tan fácil que lo puedo hacer yo?, ¿Qué diferencia hay en lo que me ofreces y lo que ofrecen los demás?, ¿Será mejor evitar la exclusiva y darle la propiedad a varios asesores?, ¿Qué compromisos implica firmar el contrato de exclusiva o de intermediación inmobiliaria?, ¿En cuánto tiempo te comprometes a vender o rentar mi inmueble?, ¿Qué vas a hacer para colocar mi inmueble rápido?, etc.

También responde a las preguntas: ¿Puedo comprometerme a cumplir con mis obligaciones al celebrar contratos de exclusiva?, ¿Qué pasa si no logro vender o rentar el inmueble en exclusiva?, ¿Quién debe fijar el precio de la propiedad?, ¿Qué documentación debo revisar de la propiedad?, ¿Por cuánto tiempo debo celebrar la exclusiva?, ¿Dejaré pasar la oportunidad de exclusivar al fin, el sol sale para todos?, ¿Y si mejor no me comprometo?, etc.

Pero, ¿qué debo hacer para obtener exclusivas rentables o vendibles? Sí te dedicas a los negocios con los bienes raíces o estás por comenzar debes definir primero tu nicho de mercado y el sector hacia el cuál te quieres enfocar preferentemente. De acuerdo con esto, tienes mayores posibilidades de que el inmueble captado sea rentable o vendible, también de ser posible, como lo sugiere Óscar Márquez, lleva 3 listas en donde pongas los inmuebles que no se han vendido, que generalmente están dentro del precio de la mente de tu cliente y del cual no quieres que su inmueble forme parte, una segunda lista con inmuebles que en ese momento están en promoción, es decir con los que va a competir el inmueble y una tercera lista, cuando esto te sea posible, con propiedades con similares características, que se ubiquen en la zona y que ya se hayan vendido, estas listas serán una herramienta valiosa para orientar a tu cliente a conseguir el objetivo común y qué pasaría si además ya tuvieras en lista algunos prospectos al momento de captar la propiedad, seguramente que tendrías mejores oportunidades de obtener la exclusiva en las mejores condiciones para todos, porque si no logras obtenerla dentro del precio adecuado, tu cliente propietario tendrá problemas para vender su inmueble.

Ahora bien, ¿Cuáles son las propiedades vendibles o rentables?, una respuesta normal es aquellas que las personas buscan comprar (demanda), que están en el precio de mercado adecuado (precio), que están en buenas condiciones (calidad), que los propietarios quieren vender o rentar (oferta) y que su documentación está en orden (legalidad). Tu labor está en lograr que los clientes las deseen adquirir o rentar, satisfagan sus necesidades, que éstas cumplan con sus anhelos y que estén ansiosos por vender, comprar o rentar.

Capítulo 13. "Un consejo para el profesional inmobiliario"

Décima Segunda Ley: *"El Profesional Inmobiliario debe entender perfectamente dónde están los ingresos que le permitirán tener una vida feliz".*

El mejor consejo inmobiliario

Hasta este momento podrás llevar a la práctica este libro como un profesional inmobiliario, como líder de una oficina o como coequipero de otro profesional inmobiliario, pero nos gustaría preguntarte ¿Dónde están las ganancias en el negocio inmobiliario?, la mejor respuesta, pero no la única es en las inversiones en bienes raíces, también ofreciendo tus servicios como profesional inmobiliario, o también buscando compartir operaciones con otros profesionales inmobiliarios, pero el mejor consejo es que busques diversas fuentes de ingreso, no sólo una y que pongas en práctica lo que has leído en este libro.

Deseamos que tengas prosperidad, por lo que te invitamos a divertirte más y trabajar menos, comer saludablemente, hacer ejercicio, dormir las horas necesarias, evitar el estrés, vivir en orden con tu familia, poner en práctica lo que aprendas y así irás directo a conseguir prosperidad.

> *Tú no comienzas un negocio para ganar un dinero, lo haces para hacer un cambio, cambiar el mundo, cambiar la vía de tu familia, cambiar la tuya o todas juntas.*
>
> *[...]*
>
> *Si tú quieres cambiar el mundo tienes que empezar por cambiarte a ti mismo. Sólo tú puedes hacer de ti un emprendedor exitoso y desde luego hacer de tu emprendimiento un negocio millonario"*
>
> Luis Eduardo Barón
"El Factor N"

www.ingramcontent.com/pod-product-compliance
Lightning Source LLC
Chambersburg PA
CBHW031546210526
45464CB00003B/1180